Hugo Karl Ziegenbein

Über die Verbesserung unserer deutschen Landrindviehrassen durch Reinzucht

unikum

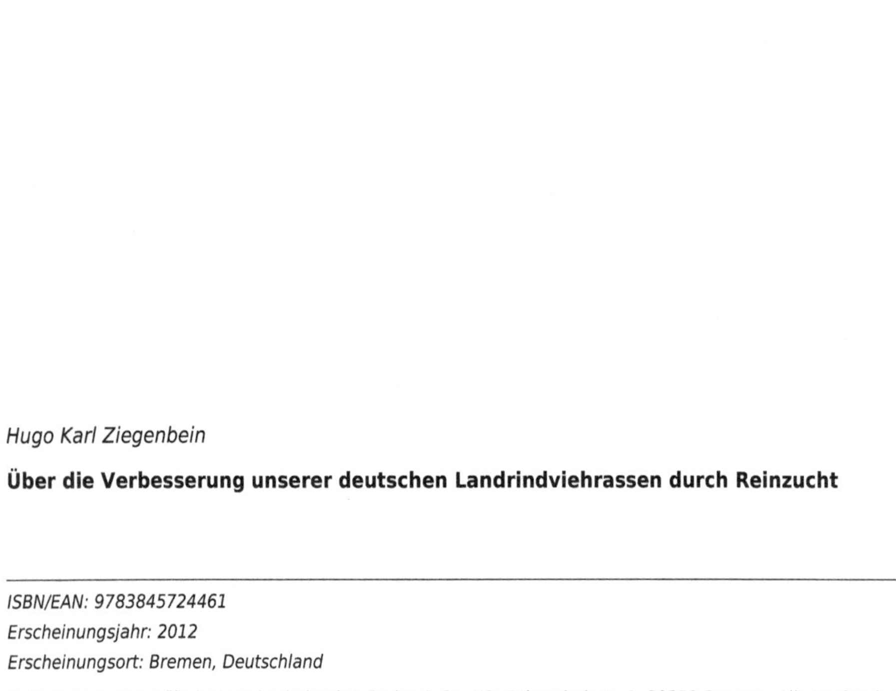

Hugo Karl Ziegenbein

Über die Verbesserung unserer deutschen Landrindviehrassen durch Reinzucht

---

ISBN/EAN: 9783845724461

Erscheinungsjahr: 2012

Erscheinungsort: Bremen, Deutschland

www.unikum-verlag.de | office@unikum-verlag.de

Hugo Karl Ziegenbein

Über die Verbesserung unserer deutschen Landrindviehrassen durch Reinzucht

Über die Verbesserung unserer deutschen Landrindviehrassen durch Reinzucht

unter besonderer Berücksichtigung

der

im Großherzogtum Hessen, in Bayern, in Baden, in Waldeck, auf dem Harze und in Schlesien gehaltenen Landschläge.

Hugo Karl Ziegenbein

Oldenburg.
Druck von Robert Sußmann.
1902.

Die großen Summen, die alljährlich für lebende Rinder und Rindviehprodukte ins Ausland gehen und so unserem Volkswohlstande entzogen werden, beweisen klar und sicher, daß unsere heimische Rindviehzucht nicht gleichen Schritt gehalten hat mit dem Anwachsen der Bevölkerung und mit den gesteigerten Lebensbedürfnissen derselben.

Wenn wir weiterhin die starke Einfuhr von Zuchtvieh aus der Schweiz, Holland und England ins Auge fassen, so scheint auch unsere deutsche Landwirtschaft in diesem Zweige der ausländischen nicht ebenbürtig und deshalb nicht in der Lage zu sein, die Produktion durch Haltung und Fütterung geeigneter Zucht- und Nutztiere sowohl nach Qualität als nach Quantität den stets wachsenden Ansprüchen der Bevölkerung entsprechend steigern zu können. Bleiben wir aber in dieser Beziehung auf das Ausland angewiesen, so ist das von viel größerem Nachteil als etwa eine sich dauernd als notwendig erweisende Einfuhr von Brotfrüchten.

Wir bekommen die Rindviehprodukte vielfach nur in minderwertiger, ja gesundheitsschädlicher Form, die Einfuhr lebenden Viehes kann wegen der damit verbundenen Seuchengefahr schwere Schädigungen für unsere heimische Rindviehzucht bringen, in welchem Punkte wir des öftereu schon recht schlimme Erfahrnngen machen mußten, und für das fremde Zuchtvieh müssen außerdem meist übermäßig hohe Preise angelegt werden, wozu dann noch die durchaus nicht niedrigen Transport- und sonstigen Unkosten kommen. Andererseits lehrt uns schon ein flüchtiger Blick auf die Produktionsverhältnisse in unserem deutschen Vaterlande, daß dieser Zweig der Viehzucht seine Erzeugnisse nach Menge und Beschaffenheit gewaltig vermehren kann.

Es dürfte auch bekannt sein, daß gerade diejenigen Gebiete Mitteleuropas am wenigsten unter dem Niedergange des landwirtschaftlichen Gewerbes in den letzten Dezennien zu leiden hatten, in denen die Rindviehzucht schon in einer gewissen Blüte stand, in denen ein einheitliches Zuchtziel vorhanden war und wo größere Sorgfalt, als anderswo üblich, auf Leistungen und auf Formen der Rinder verwendet wurde. Diese Thatsache läßt sich sehr leicht aus dem Preissturze erklären, den die Produkte des Ackerbaues mit wenigen Ausnahmen erlitten haben, während die Erzeugnisse der Viehzucht in der Regel erträglich bezahlt wurden.

Es sind dies Gründe, die den Landwirt bewegen sollten, der Rindviehzucht höheres Interesse als bisher zu schenken, den Staat aber, alle dahingehenden Bestrebungen mit sämtlichen zu Gebote stehenden Mitteln zu unterstützen.

Eines der wichtigsten Momente zu einer gedeihlichen, nutzbringenden Entwickelung unserer Rindviehzucht ist aber ohne Zweifel die Haltung einer geeigneten, den Verhältnissen angepaßten Rasse, bezw. Schlages. Wie es beim Pflanzenbau darauf ankommt, diejenigen Pflanzenarten auszuwählen, die für das gegebene Feld die sichersten und größten Erträge liefern bei Ansprüchen an Dünger und Kulturarbeiten, denen die Wirtschaft genügen kann, ebenso ist es in der Tierzucht nötig, den richtigen Viehschlag zu finden, der für die lokalen Verhältnisse am besten paßt.

In diesem Punkte gehen aber die Meinungen und die Interessen unserer Landwirte weit auseinander. Bestimmend hierfür sind die örtlichen Futter- und Wirtschaftsverhältnisse, wobei besonders etwa vorhandene landwirtschaftlich-technische Nebengewerbe eine große Rolle spielen; daneben ist aber als anderer Faktor von Bedeutung der Grad von Einsicht für die Viehzuchtsverhältnisse, den die betreffenden Züchter und die in Betracht kommenden Behörden besitzen. Fehler, die man in dieser Beziehung machte und die ihren letzten Grund in irrtümlichen Anschauungen haben über das, was zur Förderung der Rindviehzucht dient, trugen zu einem großen Teile bei, daß unsere heimische Rindviehzucht sehr zum Schaden des Nationalwohlstandes noch nicht überall auf der Stufe steht, die sie erreicht haben könnte.

Der Fortschritt in der Rindviehzucht geriet nämlich trotz des im Laufe der Zeit sich immer mehr dafür geltend machenden Interesses auf eine Klippe, die nicht selten die Tierzucht gefährdet hat und die auch der Rindviehzucht weiter Landschaften, namentlich Nord- und Mitteldeutschlands, verhängnisvoll werden sollte. Es war dies die Geringschätzung dessen, was man an beachtenswertem Gut in den heimischen Rindviehrassen besaß.*) Durch die Einführung fremder

*) H. Settegast, Die deutsche Viehzucht, Berlin 1890, p. 151.

Rassen, wie sie seit dem 2. Viertel des abgelaufenen Jahrhunderts üblich wurde, sind viele leistungsfähige deutsche Rinderrassen zum Verschwinden gebracht, andere in ihrem Verbreitungsbezirke sehr zurückgedrängt, in ihrer Zahl sehr reduziert worden, durchaus nicht immer zum Vorteil der deutschen Rindviehzucht. Es gab Zeiten der Liebhaberei für Schweizer, für Oldenburger, für Allgäuer Vieh, wohl auch für Shorthorns und andere englische Rassen; jetzt stehen von den Niederungsrassen Holländer und Ostfriesen, von dem Höhenvieh die Simmenthaler obenan. Auch heute noch giebt es Leute, die im übelangebrachten Fortschrittseifer unser deutsches Landrindvieh mit Stumpf und Stiel ausrotten und an seine Stelle fremde, allerdings hochgezogene Rassen setzen möchten. Die heimischen Landrindviehschläge haben immer noch heftigen Kampf gegen die mit ihnen konkurrierenden, importierten Höhen- und Niederungsrassen zu führen. Sie sind zwar nicht mehr wie früher in ständigem Rückgang begriffen, haben vielmehr neuerdings in jeder Richtung einen Fortschritt zu verzeichnen und warme Verteidiger gefunden; dennoch sind der Gegner unter den Viehzüchtern noch so viele, und die Frage, soll man die Zucht des Landviehes aufgeben und zu einer der hochgezogenen Kulturrassen übergehen bezw. den vorhandenen Viehstapel damit durchkreuzen, ist jetzt noch vielerorts aktuell. Wir wollen daher in Folgendem erwägen, ob es zweckmäßig ist, Reinzucht unserer Landschläge zu treiben, und welche Mittel und Wege uns zu Gebote stehen, um das vorhandene Material inzüchterisch weiter zu verbessern?

Zu diesem Zwecke wird es jedoch vorteilhaft sein, wenn wir vorerst einmal ins Auge fassen:

Welche Ursachen haben denn den Rückgang des einst fast über ganz Deutschland verbreiteten Landrindviehes bewirkt bezw. tragen jetzt noch zum Rückgang bei?

Wir müssen hier zunächst die Thatsache konstatieren, daß unsere deutsche Rindviehzucht bis in das 19. Jahrhundert hinein unter sehr ungünstigen Umständen für ihre Fortentwickelung zu leiden hatte. Die Preise der tierischen Produkte hielten sich andauernd so niedrig, daß die Landwirte nur wenig Interesse für ihre Viehzucht übrig haben konnten, und das wenige, was vorhanden war, wurde vollständig durch die Liebhaberei für Pferde und Schafe absorbiert. Der geringe Wohlstand der inländischen Bevölkerung, die Vorliebe derselben für vegetabilische Kost und der Mangel einer bemerkenswerten Ausfuhr, der bedingt war durch das Fehlen geeigneter Verkehrswege, bewirkten, daß die Preise für Rindviehprodukte sich immer so gedrückt hielten, daß der Landwirt hiervon keine Anregung zur Verbesserung seiner Zucht erhalten konnte. Dagegen ließ man der Pferdezucht teilweise schon im 17., der Schafzucht im 18. Jahrhundert von seiten der Regierungen eifrige Fürsorge, von seiten der Züchter große Sorgfalt angedeihen, was durch die hohen Preise für feine Tuchwollen und gute Pferde sehr wohl erklärt werden kann.

Der Stand des Landwirts war, trotzdem ihm z. B. in Württemberg 80 % der Bevölkerung angehörte, kein besonders geachteter. Die Besitzer größerer Güter hielten sich selten auf diesen auf, und die wenigen von ihnen, welche sich für Tierzucht interessierten, waren der Ansicht, daß es nicht standesgemäß sei, sich mit einer anderen Zucht als der des Vollblutpferdes und Edelschafes zu beschäftigen.

Der kleinere Besitzer, der allein ein Interesse für Verbesserung seines Rindviehstammes hatte, litt unter dem Drucke der Frohndienste und der Lehnsverhältnisse aller Art, sowie der rücksichtslosen Ausübung der Jagd- und Weiderechte, wodurch Betriebsverbesserungen überhaupt fast unmöglich gemacht wurden. Dazu war er durch die lange Knechtung unwissend, durch die vielen Kriege und hohen Steuern wirtschaftlich wenig leistungsfähig geworden.*)

Die Rindviehhaltung wurde soviel als möglich beschränkt, und zwar entschied für den Umfang derselben lediglich der Bedarf an Stallmist, der ja in jener Zeit einziges Düngemittel war. Der Landwirt war nicht imstande, seine Rindviehhaltung so einzurichten, daß er aus ihr, der Nachfrage nach tierischen Produkten entsprechend, einen möglichst großen Nutzen herauswirtschaften konnte, sondern er mußte darüber hinaus meist mehr Tiere halten, um den für den einträglicheren Körnerbau notwendigen Stallmist zu produzieren. Aus dieser Zeit stammt ja das bekannte geflügelte Wort: „Die Viehzucht ist ein notwendiges Übel,“ und aus dieser Ansicht heraus lassen sich auch die vielen Mißbräuche erklären, welche in der Rindviehzucht neu einrissen, während man die alten Schäden fortbestehen ließ. Das mußte natürlich eine gedeihliche Entwickelung der Zucht unmöglich machen.

Wenn man die Rindviehzucht als ein notwendiges Übel ansah, so richtete man der geringen Wichtigkeit entsprechend, die man ihr beilegte, auch Fütterung und Haltung ein. Das dem Futterbau dienende Land, also die Wiesen und Weiden, wurde nach Möglichkeit beschränkt und zum Körnerbau herangezogen. Das Rindvieh sollte nun während der langen Weidezeit seine Ernährung im Walde, auf den Brach- und Stoppelfeldern, sowie auf den zum Getreidebau untauglichen ständigen, im Laufe der Zeit aber ausgesogenen Hungerweiden finden, von denen Schwerz sagt: „Das Vieh geht, um fressen zu können, und frißt, um gehen zu können.“ Im Winter war die Ernährung des Rindviehes noch trauriger und gegenüber den kärglichen Gaben von Stroh und

*) Vergl. Sieglin, Die Rinderzucht in Württemberg, p. 16, Stuttgart 1888.

Spreu, wobei Heu die Stelle von Kraftfutter einnahm, und dem Aufenthalte in den engen, dumpfen Stallungen war der Sommer noch eine Erholungszeit für die Tiere. Die Züchtungskunst beschränkte sich in dem überwiegendsten Teile Deutschlands darauf, mit dem möglichst geringsten Aufwande die für die Misterzeugung notwendige Anzahl von Rindern — Düngermaschinen — am Leben zu erhalten.*)

Schubert und Thaer wollten am Ende des 18. und Anfang des 19. Jahrhunderts eine Verbesserung in dem Betriebe der Viehzucht dadurch ins Werk setzen, daß sie Sommerstallfütterung und erweiterten Anbau der Klee- und Wurzelgewächse zu Futterzwecken empfehlen, wodurch besonders die Misterzeugung um ein bedeutendes gesteigert werden sollte. Da sich jedoch zu dieser Zeit die Preisverhältnisse in Bezug auf die Produkte der Rindviehzucht noch nicht geändert hatten, konnten die Bestrebungen dieser beiden wenigstens in diesem Zweige keine tiefeingreifenden Reformen bewirken. Wo Sommerstallfütterung damals schon Platz griff, hat dies meist nur die Wirkung, daß die Tiere, weil ständig im Stalle gehalten, an ihrer gesunden Konstitution Einbuße erlitten. Dazu kam, daß gerade jetzt die Merinoschafzucht ihren höchsten Blütestand zu erreichen begann und große pekuniäre Erfolge erzielte, was ja auch Thaer veranlaßte, der Schafzucht seine Hauptaufmerksamkeit zu widmen. Die Rindviehzucht blieb also nach wie vor Stiefkind der Landwirtschaft.

Endlich aber, im zweiten Viertel des abgelaufenen Jahrhunderts, trat eine kleine Besserung ein. Der Wohlstand der Bevölkerung, der unter den napoleonischen Kriegen arg gelitten hatte, hob sich wieder allmählich, und dieser Umstand konnte nicht ohne Einfluß auf die Lebenshaltung der Bevölkerung bleiben. Der Verbrauch tierischer Produkte, namentlich solcher, wie sie die Rindviehzucht liefert, nahm zu. Bei der gesteigerten Kaufkraft der Bevölkerung waren Fleisch und Molkereiprodukte nicht mehr Luxusartikel wie früher, auch die breiteren Schichten der Bevölkerung wurden nach und nach gutzahlende Abnehmer dafür. Der Bau von Kunststraßen und Eisenbahnen, der Ersatz der Segelschiffe durch Dampffahrzeuge, die großartige Entwickelung des Verkehrswesens überhaupt gewährten dem Landwirt die Möglichkeit, einen verhältnismäßig großen Überschuß von landwirtschaftlichen Produkten zu erzeugen und mit relativ geringen Unkosten auf den Markt zu bringen. Das Zusammenwirken dieser Umstände hatte ein erst langsames, dann schnelleres Steigen auch für die Produkte der Rindviehhaltung zur Folge. Die höheren Preise spornten die Produzenten zu einer gesteigerten Produktion und Verbesserung der Qualität an.

*) Vergl. Settegast, a. a. O. p. 130.

Ein weiteres Moment, die Rindviehzucht wichtiger und in den Augen der Züchter einträglicher zu machen, war der Sturz der Wollpreise und der damit notwendig verbundene Rückgang der Wollschafzucht in der zweiten Hälfte des abgelaufenen Jahrhunderts. Man sagte jetzt, die Zucht der Merinos wie überhaupt die Schafzucht sei bis zu einem gewissen Grade der extensiven Wirtschaft eigen; man müsse auf der erreichten Kultursteife den Umfang der Schafhaltung beschränken und zur Rindviehzucht übergehen.

Die schlechten Erfolge, welche man eigentlich noch in der ganzen ersten Hälfte des vergangenen Jahrhunderts mit der Rindviehzucht gemacht hatte, legte man der geringen Leistungsfähigkeit des einheimischen Viehes zur Last, ohne daran zu denken, daß die Erträge nur deswegen so niedrig ausgefallen waren, weil infolge des geringen Verbrauchs an Fleisch, Milch, Butter und Käse durch die bedürfnislose, relativ arme einheimische Bevölkerung und dem Mangel eines nennenswerten Absatzes nach dem Auslande die Preise dafür recht niedrig standen, daß man dem Rindvieh bis jetzt eine ganz unzureichende Ernährung und Pflege hatte zu teil werden lassen, daß auch abgesehen von der Fütterung noch eine Menge Mißstände vorhanden waren, die, solange man sie nicht abstellte, die gedeihliche Entwickelung eines jeden Rindviehschlages illusorisch werden ließen.

Diese Zuchtfehler, die sich leider teilweise bis in unsere Zeit erhalten haben, waren früher, als die Rinderzucht wenig einbrachte, erträglich gewesen, jetzt aber wirkten sie sehr hemmend auf den Fortschritt in der Rindviehzucht im allgemeinen, ganz besonders aber auf den in der Landesrinderzucht ein; denn dort, wo unsere veredelten Rassen entstanden, in den graswüchsigen Marschen und Alpen, hatte man der Rindviehzucht früher schon größere Aufmerksamkeit geschenkt, und die freie Bauernschaft dieser Gegenden war schneller zu einer besseren Einsicht über den Wert einer guten Rindviehzucht gekommen und hatte es, durch die Natur ihrer Heimatländer begünstigt, eher zu größeren, für ihre Heimat sehr leistungsfähigen Rassen gebracht.

Von den Mißständen in der deutschen Landrindviehzucht wollen wir neben der schon mehrfach erwähnten mangelhaften Ernährung nur folgende nennen, die aber größtenteils auch noch bis heute fortdauern.

Zunächst fehlte es, wie schon verschiedene Male hervorgehoben wurde, an Interesse für die Vervollkommnung gerade dieser Tierart. Infolgedessen ließ denn die Pflege der Geschlechtstiere, ganz besonders aber der Bullen, fast alles zu wünschen übrig. Die Haltung der männlichen Tiere lag in den Händen von Privatleuten. Häufig hatte der Gutsherr oder irgend ein anderer Besitzer die erbliche Verpflichtung zur Haltung der männlichen Tiere. Nicht selten wurde der Bulle von jedem Viehhalter abwechselungsweise je ein Jahr gehalten, oder man übertrug seine Haltung gegen eine in der Regel unzureichende Entschädigung dem Gemeindehirten oder dem Mindestfordernden. Jedenfalls war die Mehrzahl der Zuchtstierhalter entweder nicht in der Lage oder hatte keine Lust, für das allgemeine Wohl Opfer zu bringen. Einige rühmliche Ausnahmen wollen wir auch hierbei zugeben. In den meisten Fällen wurden daher Stierkälber von den eigenen Kälbern aufgezogen oder zu einem möglichst billigen Preise von einem anderen Züchter erworben, wobei in beiden Fällen herzlich wenig Rücksicht auf die Zuchttauglichkeit genommen ward. Gelangte ein solcher Bullenhalter ausnahmsweise in den Besitz eines etwas besseren Stieres, so lag es in seinem Interesse, ihn möglichst bald mit Vorteil zu verkaufen und durch einen billigeren zu ersetzen. Gemeinde und Zuchtstierhalter hatten so, sehr zum Schaden der Rindviehzucht des betreffenden Ortes, verschiedene Interessen, und der Sache konnte nur dadurch ein Ende gemacht werden, daß die Gemeinden Anschaffung, Unterhaltung und Verkauf des Bullens für eigene Rechnung besorgen ließen oder wenigstens An- und Verkauf in die Hand nahmen und nur die Haltung einem wohlhabenden Landmann von anerkannter Tüchtigkeit übertrugen.

Die Paarung erfolgte zumeist bei dem gemeinschaftlichen Auftriebe des Mannviehes mit den Kühen auf der Weide, und da konnte es nicht fehlen, daß das durch spärliche Ernährung spätreif gewordene weibliche Tier viel zu früh für eine vollkommene Körperentwickelung begattet wurde. Dem Besitzer des Jungtieres war dieser Umstand öfters sogar erwünscht, da ihn seine wirtschaftliche Lage nötigte, dasselbe möglichst früh in Nutzung zu nehmen. Kein Wunder, wenn ein solcher Viehstamm im Laufe der Zeit mehr oder minder verzwergte und keine hohen Leistungen aufzuweisen hatte.

Körgesetze, bezw. Körordnungen, von seiten des Staates waren teilweise allerdings schon frühzeitig erlassen worden,*) teilweise fehlten sie jedoch noch ganz, aber auch, wo sie bestanden, war keine günstige Wirkung für die Landrassen zu verspüren; denn sie stellten entweder zu geringe Anforderungen und konnten umgangen werden, oder ihre Ausführung ließ alles zu wünschen übrig. Durch Prohibitivkörungen, d. h. dadurch, daß grundsätzlich nur Bullen einer bestimmten anderen Rasse zur Ankörung gelangten, wurden eventuell die Landwirte auch zur Aufgabe der Zucht der Landrasse gezwungen.

Als die Gemeindeweiden aufgeteilt und die geschilderten Arten der Bullenhaltung aufgegeben wurde, rückte eine neue Gefahr an. Die Bauern führten jetzt ihre Kühe den Zuchtstieren der Herrenhöfe zu und mußten nun deren Wandlungen in Bezug auf Rinderrassen mitmachen. Das war aber sehr gefährlich für die Erhaltung eines leistungsfähigen Rindviehschlages; denn zumal bei den Großgrundbesitzern riß zu jener Zeit, als die Rindviehzuchtprodukte schon gut bezahlt, für Getreide

*) In Preußen Körordnung vom 4. Mai 1765.

noch hohe Preise erzielt und mit dem Zuckerrübenbau ansehnliche Gelder verdient wurden, also in den guten Zeiten der Landwirtschaft, ein System planlosen Kreuzens ein, durch welches Beginnen zahlreichen deutschen Rindviehrassen von hoher Leistungsfähigkeit schwere Wunden geschlagen wurden.

Verächtlich erschien damals, was „nicht weit her" war. Es gehörte mit zum guten Tone, die Ställe voll hochgezüchteten, aus fernen Gegenden eingeführten Rasseviehes zu besitzen. Kein Landwirt, der bei seinen Berufsgenossen etwas gelten wollte, konnte sich dieser Modethorheit entziehen. Aus aller Herren Länder erwarb man Zuchtmaterial, je nachdem es die Mode mitbrachte, einmal aus einer Niederungs-, das andere Mal aus einer Gebirgsgegend. „Man hörte", schreibt K. Dreves-Büllinghausen in Waldeck, „unter anderem von Simmenthaler Zuchten in Ostpreußen, und die Ställe in unseren Bergen wimmelten von Holländern und Ostfriesen. Diese in den meisten Fällen verlustbringende Luxushaltung und -Zucht konnte nur auf Rechnung der einheimischen Rassen geschehen, und es fällt der jetzt allgemein anerkannte beklagenswerte Rückgang der Landrassen mit dieser Periode zusammen. Die folgenden schlechten Jahre zwangen aber den Landwirt, den Rechenstift etwas schärfer zu Rate zu ziehen, und das Ergebnis dieses Rechenexempels war, daß gerade die einsichtsvollsten Landwirte sich mehr und mehr der Zucht nnd zeitgemäßen Verbesserung der heimischen Landrassen zuwandten."*)

Leider läßt sich von der Mehrzahl der auf diesen Bahnen wandelnden Züchter nicht sagen, daß sie wieder auf die Landrasse zurückgriffen, wenn die eingeführte Rasse versagte. Mittlerweile war wieder eine andere Rasse von anscheinend berufener Seite empfohlen worden, die nun angeschafft wurde und mit der man dasselbe ungünstige Resultat erzielte. „Damit Hand in Hand ging ein Verfahren der wilden Kreuzung; ohne Prinzip und Kritik wurden Blutmischungen der keckſten Art zusammengewürfelt, sodaß man es zu einem wunderlichen, zu keinem Zwecke recht tauglichen Mischmasch brachte."**) Durch diesen mißverstandenen Fortschrittseifer bekam so die Rinderzucht weiter Landschaften ein recht buntscheckiges Aussehen. Es hätte das noch hingehen können, wenn der wirtschaftliche Nachteil dieses unüberlegten Vorgehens den Großgrundbesitzer allein getroffen hätte. Dieser konnte ja schließlich im Laufe der Zeit unter Aufwendung recht bedeutender Mittel, seine Sonderinteressen ohne Rücksicht auf die Ziele seiner Kollegen verfolgend, in den Besitz des von ihm so heiß begehrten Stammes „Rassevieh" kommen und nun relativ gute Leistungen damit erzielen, an deren Zustandekommen er freilich

*) „Deutsche Landw. Presse", Jahrg. 1899, No. 12.
**) Settegast, a. a. O. p. 152.

kein anderes Verdienst hatte, als daß er die Aufwendung pekuniärer Mittel in größerem Umfange nicht gescheut hatte.

Was aber für ihn vorteilhaft ist, das ist es nicht immer für den bäuerlichen Landwirt, der ganz andere Leistungen von seinem Vieh haben will. Ziegert, der Neubegründer des schlesischen Landrotviehschlages, schreibt den früheren Tiefstand der Landesrinderzucht Schlesiens speziell diesem Umstande zu, wenn er sagt: „In gewisser Weise schädigen sogar diese Hochzuchten die Rinderzucht des Kleingrundbesitzes, denn in den meisten Fällen ist dieser genötigt, die Vatertiere des Großgrundbesitzes zum Bedecken seiner Kühe zu verwenden. Außerdem glaubt der Kleingrundbesitzer gewöhnlich, daß die Maßnahmen des Großgrundbesitzers nachahmenswert sind. Welchen Einflüssen mußten aber die Rinder des Kleingrundbesitzes ausgesetzt sein, wenn in den Ställen des Großgrundbesitzes im Verlaufe einer verhältnismäßig kurzen Spanne Zeit alle möglichen und leider auch für die örtlichen Verhältnisse sehr oft völlig unmöglichen und ungeeigneten Rinderrassen sich gegenseitig ablösten und verdrängten, wie dies leider teils aus Liebhaberei, teils aus Mangel an züchterischer Einsicht beinahe Regel war und ist.

Daß die Rinder des Kleingrundbesitzes in Schlesien sehr oft in der schlimmsten Art verschiedenartig durchsetzt und verzüchtet sind, darf daher nicht Wunder nehmen, das unglückselige Dorfvieh mußte eben alle Schwankungen und Schwenkungen des Gutsviehes mit durchmachen, und so ist es denn gekommen, daß der Kleingrundbesitz mit der Zeit Kühe in den Stall bekommen hat, die weder genügsam im Futter, noch leistungsfähig im Zuge, noch widerstandsfähig gegen Krankheiten sind."*) Diese Mißstände herrschten aber nicht nur in Schlesien, sondern in einem großen Teile der Binnenlandschaften Norddeutschlands und in ganz Mitteldeutschland, wo der Viehstand dadurch das einheitliche Gepräge ganz verlor.

In anderen Gegenden halfen noch verschiedene andere Umstände, die meist dem Aufschwunge der Industrie und der Zunahme der Bevölkerung zusammenhingen, die Landrindviehschläge zurückdrängen.

Die Landwirte, namentlich die größeren Besitzer in der Nähe der Städte und in Distrikten mit dichter Bevölkerung, fanden einen lohnenden Absatz für die in der Wirtschaft erzeugte Milch. Sie schränkten infolgedessen die Nachzucht ein, kauften ihr Vieh von Händlern und füllten ihre Ställe im Laufe der Zeit mit Niederungsvieh, weil man dasselbe nun einmal mit Recht oder Unrecht für milchergiebiger hält als das auf kombinierte Leistung gezüchtete Landvieh. Dies mochte ja auch in einigen Fällen richtig sein, wenn Abmelkewirtschaft wirklich

*) „Die Hebung der Landesrinderzucht in Schlesien" 1888. Vergl. auch Lehnert, Rasse und Leistung des Rindes, p. 8.

am Platze war, wenn der heimische Schlag im allgemeinen Tiere lieferte, die sich mehr für Zug- und Mast- als für Milchleistung eigneten, und wenn Niederungsvieh billig und leicht erhältlich war. In anderen Fällen wird aber von berufener Seite behauptet und zahlenmäßig nachgewiesen, daß die Landrassen bei geeigneter Pflege und Fütterung sehr gute Milchnerinnen zu liefern vermögen. Ich werde mir erlauben, dies weiter unten durch Beispiele zu belegen. Es ist jedoch meiner Ansicht nach die übermäßige Begünstigung des Molkereibetriebes ebenfalls zu den verwerflichen Moderichtungen unserer Zeit zu rechnen. Gar mancher Landwirt stellt Milchvieh auf, wo sich Aufzucht, die allerdings größere Sorgfalt und Intelligenz, sowie mehr Aufsicht und Kapital von seiten des Besitzers erfordert, besser lohnte.

Nicht selten wirkte der Umstand, daß die Landwirte die Kühe zum Abmelken aus den Reihen des Landschlags zu rekrutieren suchten, selbst dezimierend auf den an und für sich schon zusammengeschmolzenen Landschlag ein; denn diesem wurde so ein großer Teil seiner leistungsfähigsten Individuen für die Nachzucht entzogen, um bald der Schlachtbank überliefert zu werden. Solchen Besitzern ist im Interesse der Erhaltung eines leistungsfähigen heimischen Schlages ein Vorurteil gegen denselben von Herzen zu gönnen, wenigstens für solange, bis der Landschlag wieder erstarkt ist.

Auch da, wo die Viehzucht fast ausschließlich auf Erzeugung von Mastvieh gerichtet ist und man deshalb die Nachzucht vernachlässigt, geht der Schlag zurück; diesem Umstande ist z. B. der Schwäbisch-Hallesche Landschlag, ausgezeichnet durch besondere Mast- und Zugfähigkeit, zum Opfer gefallen. Aus Bequemlichkeitsrücksichten hielten die dortigen Landwirte während des Sommers nur die zur Deckung des eigenen Milchbedarfs notwendige Anzahl von Kühen. Im Spätjahr stellte man soviel Ochsen, Kühe und Rinder zur Mast auf, als der Stall nur fassen konnte. Im Frühjahr, ehe die Feldarbeit begann, wurden dieselben wieder verkauft. Kälber wurden nicht aufgezogen, sondern möglichst bald der Schlachtbank überliefert.*) Jedenfalls verschwand durch solche Maßregeln das Landvieh ganz besonders aus den Ställen der Großgrundbesitzer.

Aber auch die bäuerliche Bevölkerung gab vielfach, wenn auch aus anderen Gründen, die Zucht des Landschlages auf. Die Fortschritte in der Bodenkultur, der vermehrte Futterbau auf dem Ackerfelde, der reichern Ertrag der Wiesen und Felder infolge Anwendung künstlicher Düngemittel und die Vornahme von Landesmeliorationen setzten ihn in den Stand, ein größeres und schwereres Rind zu halten. Ein großer Teil der Landschläge steht nun, was Frühreife und Körpergewicht anbetrifft, den Fleckviehschlägen mit Schweizer Blut nach. Hauptsächlich

---

*) Vergl. Sieglin, a. a. O. pag. 47 ff.

um größere Ochsen für den Verkauf zu züchten, griff der Bauer nach den letzteren, obgleich das Landvieh im Vergleich zu seinem Körpergewichte das beste Zugvieh liefert und solche Ochsen so stark begehrt werden, daß der Nachfrage gar nicht genügt werden kann.

Die Bauern haben sogar den Geschmack am Züchten verloren. Sie glauben, der Gewinn sei größer, wenn sie ihre Ochsen des Jahres mehrmals umsetzen, als wenn sie selbst welche aufziehen und zum Zuge anlernen. Solche Zustände herrschen zumal in den Grenzdistrikten Sachsens und Bayerns nach Böhmen zu.*) Der Bauer kauft die Ochsen in diesem Lande, behält sie während der sechzigtägigen Quarantänezeit, läßt sie dabei seine nicht allzuschweren Arbeiten verrichten, wobei sie sich anfleischen und für den Verkauf zurecht gestutzt werden. Schließlich verhandelt er sie auf einem der zahlreichen Märkte dieser Gegenden an norddeutsche Großkäufer. Versieht sich aber der handelsfreudige Kleinbauer im Einkauf und muß wieder mit Verlust verkaufen, so kommt er in die drückendste Geldverlegenheit, da er dann mit seinen Schuldzinsen im Rückstande bleibt. Die Folge ist nicht selten Abhängigkeit der schlimmsten Art von jüdischen Händlern und Wucherern. Eine solche Art von „Zucht" ist deshalb durchaus zu verwerfen.

Wir finden in diesen Gegenden Tiere der Landrasse nur noch in solchen Wirtschaften, deren Besitzer an den alten bäuerlichen Gepflogenheiten festgehalten haben, was ihnen diesmal gewiß keinen Schaden gebracht hat. Es tritt hier nur der Übelstand ein, daß man mit der aus früherer Zeit übernommenen Spätreife als mit einer Eigenschaft rechnet, die feststeht und in absehbarer Zeit nicht zu ändern ist. Hätte man früher reicher gefüttert, namentlich im Jugendstadium der Tiere, so würde das Landvieh auch jetzt seinen Platz leichter behaupten können; denn in den Ställen, in denen das Vieh bessere Fütterung und Pflege empfängt, wie wir dies namentlich bei größeren Besitzern finden, vorausgesetzt, daß diese überhaupt noch Landvieh halten, treffen wir auch Tiere mit recht befriedigender Frühreife, Größe und Schwere an.

Durch die mangelhafte Fütterung und Pflege hat man besonders an den Geschlechtstieren gesündigt. Die Zugochsen, deren Verkauf dem Züchter größere, sichere Einnahmen verschafft, werden dagegen von Geburt an bevorzugt und erhalten das beste Futter. Diese Bevorzugung geht oft so weit, daß man gerade das weniger gut ausgefallene Bullenkalb zur Zucht verwendet. Der Bauer sagt dann wohl: „Für einen Ochsen ist das Kalb zu schlecht, zum Bullen ist es noch gut genug."**) Wir finden deshalb jetzt noch in Gegenden mit solchen Zuchtverhält-

*) Vergl. Lydtin und Werner, das deutsche Rind p. 505 u. „Wochenbl. des landw. Ver. i. Bayern" 1896, № 9.

**) Vergl. Martiny, Welchen Umständen verdankt die Ochsenzucht Bayerns ihren Vorrang. Landw. Jahrb. 1884, p. 667.

nissen meist schöne, in gutem Futterzustande befindliche starke Ochsen neben unverhältnismäßig kleinen Kühen und wahren Kümmerlingen von Bullen.

Kärgliche Ernährung und zu frühe Nutzung führten, wie wir nachwiesen, zur Verzwergung des Landviehes. Die kleinen Kühe konnten nun kein großes Gewicht mehr ins Geschirr legen. Der Landwirt war dann gezwungen, Acker- und Wagengeräte mit einer unverhältnismäßig großen Anzahl von Tieren zu bespannen. Die Überzahl von Tieren belästigte wieder den Bauer, und er drängte zur Einführung eines größeren Schlages. In der Regel wurden dann sogenannte Simmenthaler eingeführt, deren Rassereinheit bei den aufwendbaren Mitteln allerdings viel zu wünschen übrig ließ. Der Widerspruch der Frauen, in deren Händen bis in die neueste Zeit die Milchwirtschaft lag, wurde einfach nicht beachtet. Die Folge ist, daß man ein Kreuzungsvieh bekommen hat, das nach keiner Richtung hin recht befriedigt, ganz gewiß aber hinter dem alten Schlag an Milchergiebigkeit zurücksteht.

Die durch die Ära Thaer heraufgeführte und durch die Aufteilung der Gemeindeweiden notwendig gewordene Stallfütterung wurde von vielen als ein Moment des Fortschrittes begrüßt, für die Landrinderzucht hat sie sich aber als ein Hemmschuh erwiesen. Man bewunderte das Vieh, welches auf den Alp- und Marschweiden groß gezogen war, wegen seines Exterieurs und wegen seiner hervorragenden Zuchttauglichkeit. Daß dies in der Bewegung in freier Luft während des größten Teiles des Jahres und in der kräftigen Ernährung seine Ursache hatte, wurde von den wenigsten beachtet, und diese Lebensbedingungen seinem Vieh nach Möglichkeit zu verschaffen suchen, um es gleich leistungsfähig zu machen, daran dachte kaum jemand, wie es überhaupt für jene Zeit eigentümlich ist, daß man die Erfolge anderer Gegenden in der Tierzucht anstaunte, ohne aber denselben Weg zu beschreiten, der am sichersten zum Ziele führt, nämlich das einheimische Material zu verbessern. Man importierte vielmehr mit großen Kosten hochgezogene Viehstämme aus dem Auslande und ließ sie in der Stallluft verkümmern. Erst in neuerer Zeit ist hier einige Besserung eingetreten.

Weiterhin ist noch ein Grund für den Rückgang der Landrindviehzucht zu nennen, der zugleich zeigt, daß manche Landrassen in früherer Zeit schon recht leistungsfähig waren. Es ist dies die Ausfuhr des besten Zuchtmaterials.

Einige unserer Landschläge, z. B. das Harzer und Glan-Donnersberger Vieh, besaßen schon vor mehreren Jahrzehnten einen ausgezeichneten Ruf. Sie wurden deshalb von den Landwirten in der Umgebung ihres Zuchtgebietes stark begehrt und event. sogar von den Behörden zur Anschaffung empfohlen. Durch die hohen Preise verlockt, schlugen die Züchter gerade ihr bestes Zuchtmaterial los und arbeiteten bloß mit dem Minderwertigen weiter. Dadurch wurden aber gerade die entwickelungsfähigsten einheimischen Schläge Deutschlands am schwersten geschädigt; denn nur dann kann sich in der Tierzucht etwas Vollkommenes entwickeln, wenn das Beste mit dem Besten gepaart wird. So mußte denn auch hier mit der Zeit die Zucht zurückgehen. Statt aber nun einzusehen, daß an diesem Rückgange die Rasse absolut unschuldig sei und daß man mit ihr durch geeignete Maßregeln wieder denselben hohen Stand und dieselben guten Resultate wie früher erzielen könnte, suchte man wie immer das Heilmittel in der Ferne und führte die verschiedensten Viehstämme ein, die man rein züchtete und untereinander und mit dem einheimischen Vieh kreuzte. Der unerträgliche Zustand der wilden Kreuzung rief glücklicherweise in der Regel eine gesunde und kräftige Reaktion bei den Züchtern zu Gunsten des einheimischen Schlages hervor, an dessen Vorzüge man sich jetzt erinnerte, und dieser Umstand rettete denselben gewöhnlich vor dem Untergang.*)

Zum Schluß wollen wir noch eine gegen das Landvieh gerichtete Stimme aus der Gegenwart sprechen lassen. Es wird hier argumentiert: Der intensive Betrieb, wie er neuerdings allein am Platze sei, verlange für seine Nutztierhaltung einen hochentwickelten, hochleistungsfähigen Tierorganismus, wie ihn die primitiven Rassen und Schläge nicht bieten könnten. Es bedeute eine Zeit- und Kapitalverschwendung ohne entsprechenden Nutzen, vielfach sogar Irreführung und Schädigung der Allgemeinheit, wenn man die tief untenstehenden Landrassen und -Räßchen, Landschläge oder -Schlägchen wieder hervorsuche und neu begründe, da sie doch nur für tiefstehende wirtschaftliche Verhältnisse geeignet seien; das primitive Tier könne auch nur annähernd nicht mit dem Edeltiere konkurrieren. Die Thatsache, daß die primitiven Rassen an die wirtschaftlichen und klimatischen Verhältnisse ihres Heimatgebietes gewöhnt sind, sei ein nichtssagender und fragwürdiger Vorzug, der gegen die anderen nutzungsfähigen Eigenschaften des Edeltieres belanglos bleibe. Es wäre deshalb angebrachter und segensreicher, an letztere die Axt anzulegen, diese in bessere Bahnen zu leiten.**)

Hierzu möchte ich mir an dieser Stelle nur die Bemerkung gestatten, daß für unsere Landrindviehschläge mit einigen wenigen Ausnahmen ihren Leistungen nach die Bezeichnung „primitiv" durchaus unrichtig ist und daß sie sich auch sehr wohl für intensive Wirtschaftsbetriebe eignen können. Intensive Bewirtschaftung unter allen Umständen durchzuführen, dürfte wohl im Interesse der Rentabilität auch nicht sehr empfehlenswert sein.

---

*) Vergl. Edler, Die Rindviehzucht des Harzes, „Hannöv. Land- und Forstwirtsch. Ztg.", Jahrgang 1887, Nr. 46 und Frank, Der Glan-Donnersb. Viehschlag 2c., Kaiserslautern 1886, p. 10 ff.

**) Vergl. H. Schmidt, Hochgezüchtete und primitive Rassen und Schläge „Deutsche landw. Pr.", Jahrg. 1898, Nr. 100.

Ich will jetzt das Kapitel über die Ursachen des Rückganges der Landrassen schließen. Selbstverständlich haben wir diesen Stoff nicht im Geringsten erschöpft, und es ließen sich für die einzelnen Landschaften noch die verschiedensten Gründe anführen. Soviel steht aber fest, daß die Hauptschuld für den noch immer unbefriedigenden Stand der Landesrinderzucht in der dem Deutschen nun einmal tiefeingewurzelten Neigung, im Fremden immer das Vorzüglichere zu erblicken, zu suchen ist.

Die Vorteile einer Reinzucht unserer Landrindviehrassen und die Nachteile einer Durchkreuzung bezw. Verdrängung derselben, besonders durch Schweizer Fleckvieh.

Nachdem wir im vorhergehenden Kapitel nicht anders als einen gewissen Rückgang der Landrassen konstatieren konnten, müssen wir aber demgegenüber auch sagen, daß sich die Organe beständig mehren, welche die wirtschaftliche Bedeutung des Landviehes anerkennen und für eine Hebung desselben aus sich heraus eintreten.

In erster Linie ist hier die Deutsche Landwirtschaftsgesellschaft zu nennen, die schon seit Jahren diese Zuchtrichtung kräftig unterstützt und deren zielbewußtem Vorgehen die meisten unserer Landschläge einen großen Teil der Fortschritte, die sie in letzter Zeit gemacht haben, verdanken.

Hermann Settegast begrüßt freudig die Fortschritte, welche die Landesrinderzucht wieder gemacht hat: „Erst in neuester Zeit beginnt man damit, die Reste früher verbreiteter und schätzbarer Landschläge zu konsolidieren. Die Wirksamkeit der für diesen und verwandte Zwecke ins Leben gerufenen Viehzuchts-Genossenschaften und Herdbuchvereine sollte daher von Interessenten und berufener Seite kräftige Unterstützung finden. Gilt es doch ein Gebiet des Genossenschaftswesens zu erschließen, dessen weitere und erweiterte Bearbeitung zur Hebung der Viehzucht wesentlich beizutragen verheißt.“*)

Von Eckardt äußert sich in dieser Richtung: Jede Gegend habe ihre eigentümlichen Rassen, und nur diese, in sich veredelt, brächten den größten Vorteil dar.**)

Sehr energisch tritt Wilckens für die Erhaltung der einheimischen Haustiere ein. „Die Wahl solcher Zuchttiere zur Paarung, die ausgezeichnet sind durch ihre Leistung und sich den klimatischen und Bodenverhältnissen vollkommen angepaßt haben, gewährt den sichersten und größten Zuchterfolg. — Trotzdem daß Deutschland seit Jahrhunderten Rinder der Berner Rasse und seit Jahrzehnten englische Zuchttiere

*) Züchtungslehre, 5. Aufl. p. 72.
**) Experim. Onc. p. 137.

aller Art eingeführt haben, ist es den deutschen Züchtern im allgemeinen nicht gelungen, in Betreff der gleichen Rassen mit den Engländern und Schweizern in Mitbewerbung zu treten. Ehe sich dieselben den Verhältnissen der neuen Heimat angepaßt haben, sind ihre oder die Leistungen ihrer Nachkommen so gesunken, daß sie wieder fremden Rassen Platz machen müssen. Es ist eine leider zu wenig bekannte Thatsache, daß fast alle mit Einführung fremder Rassen angestellten Versuche mißglückt sind."*) Eine Ausnahme macht nach diesem Autor nur England mit dem Import des arabischen Pferdes und indischen Schweines, Deutschland mit den spanischen Merinos. „In Deutschland hat man durch planloses Kreuzen die einheimischen Rinderrassen mit Ausnahme der norddeutschen Niederungsrasse und des Vogtländer Schlages gänzlich zerstört und muß nun fortwährend fremde Rinderrassen einführen."

Es haben sich zwar die Verhältnisse soweit geändert, daß sich mittlerweile mehrere deutsche Landschläge bedeutend gehoben haben, wofür jedoch der Vogtländer Schlag wenigstens numerisch niedergegangen ist, aber die Einfuhr fremden Zuchtviehes ist geblieben, und wir zahlen, nachdem bereits 25 Jahre verflossen sind, seit Wilckens dies schrieb, immer noch unseren Tribut ans Ausland.

Pott, der doch der Rassereinzucht durchaus nicht das Wort redet, giebt zu, „daß in Ländern und Gegenden, bezw. in der Mehrzahl der sog. Bauernschaften, wo auf eine besondere Sorgfalt und Intelligenz des Züchters nicht zu rechnen ist, die Züchtung nach Rassetypen, bezw. mit sog. reinblütigen Rassen, deren allgemeinen und besonderen Eigenschaften dem beabsichtigten Züchtungs- und Nutzungszweck gut zu entsprechen scheinen und die an die betreffenden Lokalitäten gewöhnt sind, als am zweckmäßigsten bezeichnet werden muß. Besonders für die bäuerlichen Viehwirtschaften müssen solche Rassezuchten meistens als der einfachste und sicherste Weg bezeichnet werden, um dem Gros der landwirtschaftlichen Bevölkerung überhaupt eine einträgliche Viehzucht zu sichern."**)

Für die von Pott angegebenen Wirtschaftsverhältnisse, für welche eine Rassereinzucht angebracht sei, eignen sich in erster Linie die Landrassen, denn bei ihnen finden wir Anpassung an die örtlichen Verhältnisse am allermeisten ausgeprägt und diese mußte um so weitgehender sein, als der größte Teil dieser Rassen schon viele Jahrhunderte unter denselben Verhältnissen gelebt hat. Da alle deutschen Landschläge auf kombinierte Leistung gezüchtet sind, bieten sie gerade geeignete Zucht- und Nutztiere für den bäuerlichen Landwirt.

Die Arbeit des Züchters wird begrenzt durch die Einflüsse des Klimas und des Bodens. Innerhalb des Spielraumes, den diese Faktoren lassen und der übrigens noch recht groß ist, hat der Züchter

---

*) Einl. zu „Die Rinderrassen Mitteleuropas" p. 12 ff.

**) „Formalismus in der Tierzucht" p. 130.

diejenigen Tiere auszuwählen, die für seine wirtschaftlichen Zwecke die geeignetsten sind. Bei unseren Landrassen tritt nun der Einfluß des Züchters gegenüber den hochgezogenen Rassen etwas zurück, man hat bei ihnen die Haltungsverhältnisse und Lebensbedingungen weniger künstlich zu ändern gesucht, als dies bei den Rassen der Fall ist, die ständig in andere Gegenden versetzt werden. Infolgedessen konnten sich die Rasseeigenschaften auch besser konsolidieren.*) Wir haben daher unsere Landrassen „als das Produkt aus den in der Heimat der betreffenden Tiergruppe anzutreffenden Boden- und klimatischen Verhältnissen unter der Einwirkung der wirtschaftlichen Bedürfnisse der heimischen Landwirtschaft anzusehen. Sie bieten uns die sicherste und gesündeste Grundlage für die Hebung der Viehzucht der betreffenden Gegend. Sie ermöglichen es, in kurzer Zeit bei planmäßigen Züchtungsmaßregeln einen ausgeglichenen Viehschlag hervorzubringen, weil in diesem Falle die Natur die Züchtungsbestrebungen des Menschen unterstützt."**)

Die Thatsache, daß ein leistungsfähiges Tier seiner Heimat angepaßt ist, entscheidet noch nicht darüber, ob es seine Leistungen behält, wenn es in eine klimatisch different geartete Gegend versetzt wird. Bevor der Landwirt es wagen darf, sein Zuchtvieh von auswärts zu beziehen, soll er sehr wohl erwägen, ob dies ohne Schädigung der Gesundheit und Leistungsfähigkeit der betreffenden Tiere möglich zu machen ist; denn sobald ein solches Individuum in ein anderes Klima und in eine andere durch die Bodenverhältnisse der neuen Heimat bedingte Ernährung kommt, beginnen Abänderungen der Gewebe und Organe des Körpers, und je beträchtlicher die Unterschiede zwischen der alten und neuen Heimat ausfallen, um so längere Zeit nehmen die Anpassungsvorgänge in Anspruch. Solange die Organe aber damit beschäftigt sind, diese Modifikationen zu vollziehen, so lange ist der Körper auch minder widerstandsfähig und leistungsfähig. Beweis dafür ist die unzählige Male gemachte Wahrnehmung, daß die im Akklimatisationsprozesse begriffenen Tiere schwer empfangen und, wenn sie befruchtet werden, leicht verwerfen, daß dieselben, wenn eine Seuche in ihrem neuen Heim ausbricht, in größerer Zahl und viel heftiger angegriffen werden, daß sie unter Schädlichkeiten, welche den am Ort geborenen Tieren wenig mehr anhaben können, sehr zu leiden haben.

Diese Fährlichkeiten sind alle nur vorübergehender Natur, schlimmer ist es, daß viele der mit großen Kosten von fernher bezogenen Tiere der Tuberkulose verfallen und ein Opfer dieser Krankheit werden. Selbst wenn sie gesundheitlich nicht auffällig leiden, so gewähren sie

*) Vergl. Wickens, a. a. O. p. 12.

**) Leithiger, das Vogelsberger Rind, Gießen 1896, p. 5.

doch nicht den Nutzen, den man erwartete, oder degenerieren gar.*) Eine Zucht nach Leistung ist aber nicht möglich, wenn ein Tier und seine Nachkommenschaft seine Eigenschaften in unberechenbarer Weise ständig verändert.

Wilckens berichtet uns, daß alle zur Verbesserung des Steppenrindes eingeführten fremden Rassen in kurzer Zeit die für einen gewinnreichen Viehzuchtsbetrieb nachteiligen Körperformen und Eigenschaften des Steppenrindes annehmen, dagegen deren Vorzüge vor den Kulturrassen, wie namentlich deren Widerstandsfähigkeit, Genügsamkeit und ausgezeichnete Arbeitsleistung, sich nicht aneignen.**)

Nun ist es, wie schon erwähnt wurde, Modesache geworden, fremde hochgezogene Rassen — in Süddeutschland sind es vornehmlich die Simmenthaler — einzuführen und rein weiter zu züchten oder zur Kreuzung mit dem Landvieh zu benutzen. In letzterem Falle wollte man entweder einen Teil der nützlichen Eigenschaften des Simmenthaler Viehes auf das zur Grundlage der Kreuzung dienende Landvieh übertragen, oder es ging auch die Absicht dahin, dasselbe durch wiederholte Neueinführungen ganz zu verdrängen.

In den meisten Fällen war ja wohl die erste Absicht nicht, die Landrasse ganz zu beseitigen; man wollte nur eine Erhöhung des Körpergewichtes und der Körpergröße, Verbesserung der Formen, seltener vermehrte Leistungsfähigkeit nach dieser oder jener Richtung hin erzielen. Die Landwirte sind aber in den seltensten Fällen in der Lage, eine solche Kreuzung, bezw. Blutzufuhr, in die richtigen Bahnen zu leiten, wozu auch gehört, die geeignetsten Tiere des einheimischen Schlages und des „Veredelungsviehes" zur Paarung auszuwählen und zur rechten Zeit von einer weiteren Blutmischung abzusehen.

Man hat nach Lydtin***) durch eine geringe Zufuhr von Simmenthaler Blut beispielsweise das Frankenvieh in Bezug auf Körperformen, Schnellwüchsigkeit und Größe wesentlich verbessert. Ich möchte hierzu bemerken, daß in diesem Falle die Züchtung geleitet wurde von berufener Seite, daß man rechtzeitig mit der Blutmischung abbrach, überhaupt nur eine verschwindend geringe Anzahl von Stieren importierte und später sehr bemüht war, die Tiere mit stark hervortretenden Simmenthaler Formen wieder auszumerzen.

In den meisten Fällen gestalteten sich aber die Dinge so, daß die Nachkommen in kurzer Zeit ein Komglomerat der verschiedensten Grade von Kreuzungsprodukten wurden. Die Vererbung, bezw. die Übertragung der gewünschten Eigenschaften auf die Nachzucht, ließ nur zu

*) Vergl. Dammann, Gesundheitspfl. der landw. Haussäugetiere im „Handb. d. ges. Landwirtsch." Herausgegeben v. Freih. v. d. Goltz.

**) a. a. O., pag. 81.

***) Das deutsche Rind, p. 447.

viel zu wünschen übrig. Bald machte sich dann auch ein Mangel an leistungsfähigen Tieren des einheimischen Schlages bemerklich; denn gerade die wirtschaftlich besser situierten größeren Besitzer, die im Stande sind, besser und reichlicher zu füttern, die auch mehr Geld für gutes Vieh anlegen können und von denen man annehmen kann, daß ihre Bildung über das Niveau der Bauern hinausgeht, neigen, wie wir gesehen haben, sehr zu solchen gefährlichen Züchtungsexperimenten.

War man einmal auf dieser Stufe angelangt, so empfanden die Züchter den Mangel eines in seinen Formen und Leistungen ausgeglichenen Viehschlages, schon weil der Handel ein solches wünschte, sehr unangenehm und drängten auf Abhilfe.

Zwei Wege waren möglich, um wieder zu einer einheitlichen Zucht zu kommen: 1. Sammlung des noch vorhandenen guten Materials des einheimischen Viehes und Rekonstruktion des Schlages mit dessen Hilfe, 2. vollständige Verdrängung der Land- durch die importierte Rasse. Beide Wege wurden mehrere Male in der Geschichte der deutschen Rindviehzucht beschritten; ersterer führte z. B. zu der Wiederherstellung des Harzer-, Vogelsberger-, Waldecker-, schlesischen Rotvieh- und anderer Schläge von zweifellos großer Leistungsfähigkeit, während durch die zweite Methode große Gebiete Deutschlands, z. B. Oberbaden und der bayrische Bezirk Miesbach, einen vollständig neuen Viehschlag bekommen haben, der der dortigen Viehzucht bis jetzt noch nicht zum Schaden gereicht hat.

Aber in diesen Gegenden war das früher einheimische Vieh wegen der geringen Aufmerksamkeit, die man aus wirtschaftlichen Gründen hier ehemals der Rindviehzucht schenkte, total verzüchtet und wenig leistungsfähig geworden, und in dieser neuen Heimat des Simmenthaler Viehes sind die Ernährungs- und klimatischen Verhältnisse der alten sehr ähnlich. Die reichen Wiesen und Weiden Miesbachs, der futterwüchsige Ackerboden Meßkirchs gestatten die Haltung eines schweren, anspruchsvollen Viehschlags, für welchen bei der herrschenden Moderichtung in der Rindviehzucht ja auch die Absatzverhältnisse ausgezeichnet waren. Dazu kommt, daß in diesen Fällen durch den Staat, die Kommunen und andere Verbände den Züchtern erhebliche Beihilfe geleistet wurde, die die Anschaffung der neuen Rasse wesentlich erleichterte; denn es dürfte wohl sonst als Regel anzusehen sein, daß der Landwirt, wenn er eine neue Rasse einführt, auch 4—5 Jahre und länger noch auf die fortlaufende Rente aus seinem Rindviehstall verzichten muß. Wie viele Landwirte sind aber wirtschaftlich kräftig genug, um dies so ohne weiteres thun zu können?

Es giebt auch jetzt noch Viehschläge in Oberbayern, Niederbayern und Schwaben, die durch planlose Inzucht und Kreuzung heruntergebracht worden sind und für die sich eine Blutauffrischung mit Fleckvieh als ganz erfolgreich erwiesen hat und noch erweist.*) Übrigens hat man auch in jenen Gegenden die Zucht des „alten einheimischen Pinzgauer Schlages"**), der des großen Fleckviehes sehr oft vorgezogen, wenn man sich einmal zur Anschaffung einer leistungsfähigeren Rasse entschloß. Wir werden auch nichts dagegen einzuwenden haben, wenn man in dem durch die Haltung „rasseloser" Tiere und durch den Tiefstand seiner Rindviehzucht bekannten Thüringen endlich einmal dadurch Wandel schaffte, daß man für größere Distrikte Einheitlichkeit in die Rindviehzucht durch fortgesetzte Einfuhr von Zuchttieren ein und derselben Rasse brächte. Zu diesem Zwecke ist das Fleckvieh nach den gemachten Erfahrungen ganz gut geeignet, wenn es auch in Landschlägen starke Konkurrenz hat. Aus dem vorhandenen bunten Gemisch von Reinzuchtstieren und Kreuzungsprodukten der Höhen- und Niederungs-, einfarbigen und gefleckten Schläge in absehbarer Zeit eine einheitliche Rasse wieder herauszuzüchten, dürfte bei den vorhandenen Kräften und Hilfsmitteln als ein Ding der Unmöglichkeit anzusehen sein.

Anders gestalten sich aber die Dinge, wenn die neueingeführten Tiere nicht die entsprechende Haltung, Pflege und Ernährung finden wie in ihrer alten Heimat, wenn sehr extreme klimatische und dazu wechselnde Ernährungsverhältnisse vorhanden sind, wenn den „Fremdlingen" Anstrengungen, z. B. weite Märsche, zugemutet werden müssen, die sie von Haus aus nicht gewöhnt sind, wenn dieselben im Sommer nur dürftige Weide finden und die Ernährung im Winter ebenfalls kärglich ausfällt. Solche Verhältnisse kann nur das einheimische Landvieh ertragen und dabei noch relativ gute Leistungen aufweisen. Wir könnten Hunderte von Beispielen nennen, wo die begeisterten Anhänger von Neueinführungen, nur weil sie diese Faktoren nicht genügend in Rechnung gezogen hatten, glänzend Fiasko machten. Die Leistungen blieben hinter den Erwartungen zurück, die Tiere arteten aus, und es machte sich fortwährend eine Zufuhr von Originalvieh aus der Heimat der betreffenden Rasse nötig. Die Widerstandsfähigkeit gegen Krankheiten nahm ab und führte schwere Verluste herbei. Kein Wunder war es da, wenn die anfangs so enthusiasmierten Züchter, da sie wenig Befriedigung in ihren Erfolgen fanden, den Geschmack am Züchten verloren und die Rindviehzucht für ein unrentables Geschäft erklärten.

Herr Ökonomierat Leithiger, Zuchtinspektor für die Provinz Oberhessen, der in seinem Amte reichlich Gelegenheit fand, solche Erfahrungen sammeln zu können, schildert die Vorgänge wie folgt: „Wo

*) Vergl. Dr. Vogel, Simmenthaler oder einh. Vieh, Wochenblatt der landw. Ver. i. Bayern 1896, Nr. 2.

**) Siehe ebendas. Nr. 9.

aber die neue Heimat von der alten abweicht, wo man andererseits nicht in der Lage ist, die Haltungsverhältnisse so zu gestalten, wie sie das Tier in der Heimat gewöhnt war, da drängen die Natur, unter Umständen auch die Züchtungs- und Haltungsverhältnisse die Rasse zu Abänderungen. Die Abänderungen bestehen aber nicht in Verbesserungen, sondern in Verschlechterungen, die Rasse geht zurück, sie degeneriert. Diese Degeneration kann alle Eigenschaften des Tieres betreffen: die Größe, die Formen, die Farben, die Stellung der Gliedmaßen, die Bildung des Kopfes, der Haut und vor allen Dingen die Leistungsfähigkeit. Ich habe wahrgenommen, daß z. B. Simmenthaler Vieh in drei Generationen so degeneriert war, daß von den Eigenschaften des edlen Simmenthaler Rindes nur noch die Farbe der Haut und Schleimhäute übrig geblieben waren." *)

Ähnlich wie in Hessen lauten die Stimmen aus Bayern.

Herr Landesinspektor für Tierzucht, Dr. Vogel, sagt von dem bayrischen Fleckvieh mit Schweizer Blut, daß es für viele Bezirke, z. B. für die rauheren Gegenden der Oberpfalz und Oberfrankens, nicht tauge und hier keine andere Wirkung habe, als daß es den bewährten einheimischen Schlag und die daraus fließende Einnahmequelle ruiniere. An Stelle der einheitlichen Züchtung setze man auf diese Weise ein planloses Durcheinander von Kreuzungen. Wer die Richtigkeit dieser Behauptung bestreiten wolle, der möge sich einmal umsehen in solchen Bezirken, in denen man sich z. B. von dem rotbraunen oder gelben Vieh abgewandt und in den Simmenthalern „allein die Rettung" gesucht, diese aber nicht anders gefüttert, fortgezogen und aufgezogen habe als die einheimischen Tiere. Wie oft würde man da finden, daß von den gerühmten Universaleigenschaften des Fleckviehes nichts anderes übrig bliebe, als die scheckige Farbe.**)

Schon früher eiferte Feser gegen die Durchkreuzung mit dem zur Mode gewordenen Simmenthaler Vieh der Schweiz. „Man will damit unser Landvieh schwerer, größer, fleischiger, frühreifer und zu besseren Futterverwertern machen. Kann man das nur durch Einführung von Simmenthalern erreichen. Ich verneine diese Frage auf das Bestimmteste. — All das, was die Simmenthaler bei uns schaffen sollen, kann man wenigstens ebensogut mit unseren Landviehschlägen erreichen, wenn man will und zugleich kann.***)

An einer anderen Stelle dieses Werkes äußert sich Feser: „Ein Züchten gegen die natürlichen Verhältnisse einer Gegend, wie es eine unpassende Kreuzung veranlassen würde, kann niemals ein günstiges Ergebnis liefern, denn die Produkte solcher Zuchten verändern sich stets

*) Leithiger, a. a. O. p. 5.

**) a. a. O. Jahrg. 1896, № 2.

***) Die für die oberpfälz. Rinderschl. geeignetste Zuchtmethode, Regensburg 1888, p. 43.

so weit, bis sie in Formen und Nutzungen mit den klimatischen und wirtschaftlichen Verhältnissen im Gleichgewicht stehen."*)

Frhr. von Crailsheim schreibt über den Mißerfolg der Simmenthaler Zuchten in Bayern u. a. wie folgt: „Zu Anfang der siebziger Jahre wurden überall hin Simmenthaler empfohlen und eingeführt; ja auf den Schauen wurden diese „Importtiere" stets bevorzugt. Aber nur zu häufig gingen damit Mißerfolge Hand in Hand und die ländliche Bevölkerung ist wieder vielfach zum guten Alten zurückgekehrt und hat mit der Verbesserung des heimischen Viehes aus sich selbst heraus auch überall die besten Erfolge erzielt, wenn man es nur halbwegs verstand, dasselbe besser zu ernähren und viertelswegs so zu halten, wie dies in den kleinen aber klugen Handelsdistrikten Saanenwald und Simmenthal schon seit mehr als einem halben Jahrhundert gebräuchlich ist."

Darin sind alle Autoren einig, daß die Erhaltung großer Zuchtgebiete, die einheitliche Landesrinderzucht, ein Hauptmoment mit ist, welches die hervorragende Konkurrenzfähigkeit der süddeutschen Rindviehzucht bedingt. Die dortigen Märkte zeigen uns stets das Bild der einheitlichen Zucht eines großen Distriktes, der ganze Auftrieb gehört ein und demselben Schlage an, und alle Tiere gleichen sich, wie ein Ei dem andern; sie sind nach einer Zuchtrichtung gezogen und bieten daher dem Käufer Gewähr für gleiche Eigenschaften und ähnliche Leistungsfähigkeit.**)

Deshalb sagt auch Feser: „Ständig predige ich, daß Bayern gerade durch seine geschlossenen größeren Zuchtgebiete einen mit aller Macht festzuhaltenden Vorteil besitzt, der die großen besuchten Märkte und den ständigen Absatz bedingt, um den uns besonders die norddeutschen Züchter beneiden"***), und Landesinspektor Vogel: „Wenn man es fertig bringen sollte, die einheimischen Schläge zum Aussterben zu bringen, was wäre die Folge davon? Es würden damit auch die Käufer verschwinden, welche uns heute Millionen allein für gelbes Gang- und Zuchtvieh in's Land bringen. Warum kommen sie jetzt zu uns? Sicher nicht deshalb, weil sie etwa eine besondere Vorliebe haben, gerade nach Bayern ihr Geld zu tragen, sondern weil sie eben anderswo solche Gebrauchstiere nicht finden. Betrachten wir nur, welche Anstrengungen die Landwirte anderer Staaten machen, um auch das Geschäft mit Gangvieh an sich zu bringen. — Nachdem ihnen das mit dem Fleckvieh nicht möglich ist, arbeitet man bei uns der Konkurrenz selbst in die Hände, indem man die einheimischen Schläge zu verdrängen und gerade das an ihre Stelle zu bringen sucht, was die Konkurrenten schon lange besitzen. Wenn heute norddeutsche und öster-

*) a. a. O. p. 40.

**) Vergl. Eisbein, Staatl. und Vereinsmaßregeln z. Fördg. der Rindviehzucht, Berlin 1890, p. 25; Lehnert, a. a. O. p. 147 und Martiny, a. a. O. p. 683.

***) a. a. O. p. 5.

reichische Landwirte aus Franken gelbes Gang- und Zuchtvieh zu hohen Preisen holen, werden diese auch noch in die betreffenden Gegenden gehen, wenn man dort Fleckvieh züchtet? Sie werden das umsoweniger thun, als sie sich heute dorthin wenden, wenn sie gutes Fleckvieh kaufen wollen. Und wenn dann die Käufer abfallen, was bleibt den Bezirken übrig? Dann müssen sie eben mit den von Natur bevorzugten Fleckviehgebieten in Konkurrenz treten, und wer dabei gewinnen wird, das ist doch wohl nicht zweifelhaft."

Das Hauptmoment für den Umstand, daß Bayerns Gangviehzucht unerreicht dasteht, ist also nicht nur in den großen Reinzuchtbezirken überhaupt, sondern ganz besonders darin zu suchen, daß große Stammzuchtbezirke für Landvieh vorhanden sind.

Die Zucht nach Leistung steht heute mehr als je im Vordergrunde des Interesses, und es wird immer mehr Gewicht darauf gelegt. Hierbei spielt aber der Stammbaum der Elterntiere eine wichtige Rolle. Bezieht man nun einen großen Teil des Zuchtmaterials aus Gegenden, wo authentische Nachweise über Ertragsfähigkeit nicht zu erhalten sind, so kann bei der Weiterzucht dieser überaus wichtige Faktor nicht genügend berücksichtigt werden.

Wie verhält es sich nun in dieser Beziehung mit dem Simmenthaler Vieh? Gerade die „Originalsimmenthaler" der Handelsdistrikte Simmenthal und Saanenwald bieten am wenigsten Gewähr für eine Abstammung von leistungsfähigen Vorfahren. Der durch die starke Nachfrage hervorgerufene rege Handelsverkehr bewirkt, daß die Märkte das „Dorado" vieler Händler sind. Man darf auch nicht glauben, daß die Märkte nur mit Vieh betrieben würden, welches im Simmenthal geboren und aufgezogen worden ist. Große Transporte mit gleichfarbigem Fell kommen aus dem Unterlande, den Kantonen Wallis, Waadt und Freiburg. Die im Stalle großgewordenen Bullen präsentieren sich dann hervorragend gut und werden als gealptes Vieh gekauft. „Wer den Mut hat, auf den Märkten zu kaufen, der wende wenigstens alle nur mögliche Vorsicht an, sie ist in der That notwendig," äußert sich der bekannte Zuchtviehhändler Lehnert.*)

Man könnte nun sagen, die Ankaufskommissionen müßten, was ja auch meist der Fall ist, eben ihren Bedarf vor den Märkten bei den Züchtern decken. Aber auch hier ist die Gefahr, getäuscht zu werden, sehr groß, da die sogen. Züchter in der Regel selbst einen schwunghaften Handel treiben, und so kann es kommen, daß die für schweres Geld angekaufte trächtige Rassekuh ein Kalb zur Welt bringt, das mehr einem Individuum der braunen Rasse als dem Muttertiere ähnelt. Nirgendwo kommen auch soviel Blender, d. h. durch überreiche Fütterung mit konzentrierten Futtermitteln angefleischte Tiere, zum

*) Rasse und Leistung unserer Rinder, p. 205.

Verkauf, die durch ihre schönen runden Formen bestechen, da jeder Fehler des Knochengerüstes durch Fleisch- und Fettpolster verdeckt wird, zur Zucht aber, weil übermäßig getrieben, fast untauglich sind. In andere Gegenden und in anderes Futter gebracht, fallen sie schnell ab.*)

Auch sonst ist der Käufer des Simmenthaler Viehes vielen Täuschungen ausgesetzt; ich will dabei nur an die Operation erinnern, die den hohen Schwanzansatz eines Tieres beseitigt und so einen Erbfehler verdeckt, der das betreffende Individuum in den meisten Fällen von der Zucht völlig ausgeschlossen haben würde. So aber wird diese fehlerhafte Bauart auf eine Reihe von Nachkommen vererbt, die nun in der Regel ausgemerzt werden müssen.

Außerdem sind wir in den seltensten Fällen in der Lage, mit einiger Sicherheit beurteilen zu können, ob das eingekaufte Simmenthaler Rind überhaupt seinen Leistungen nach in die von uns gewünschte Zuchtrichtung einschlägt. Selbst der erfahrene Käufer wird in der Regel nur eine gewisse Garantie für Frühreife, Mastfähigkeit und schöne Formen mit nach Hause bringen können, da es in diesem Teile der Schweiz an genau geführten, wahrheitsgetreuen Zuchtregistern, in denen auch die Leistungen der Eltern eingetragen sind, fehlt.

Wir können deshalb den Züchtern nur raten, falls sie noch über gutes einheimisches Material verfügen, sich es wohl zu überlegen, ehe sie das Wagestück der Einführung einer fremden Rasse unternehmen; denn in vielen Gegenden wünscht man sich jetzt, wo es zu spät ist, die gute alteinheimische, einheitliche Rasse zurück, deren Wert man erst jetzt, wo sie verschwunden ist, richtig zu schätzen weiß.

Die Erfolge, die man in England, Holland und der norddeutschen Tiefebene mit dem einheimischen Niederungsvieh, in der Schweiz mit dem Fleck- und Braunvieh erzielte, hat man, abgesehen von der Wanderung der Holländer Rasse, längst der norddeutschen Küste, allein durch verständige Auswahl der ausgezeichnetsten Zuchttiere, ohne nennenswerte Zufuhr fremden Blutes erreicht. Wir führen schon Hunderte von Jahren das großstirnige Rind des Kantons Bern und Jahrzehnte lang die Shorthorns Englands ein, und was haben wir damit erreicht? Mit einigen wenigen Ausnahmen hat man durchaus unbefriedigende Resultate erzielt. Die Shorthorns werden nur in einem verhältnismäßig geringen Teile der Marschen Schleswig-Holsteins mit einigem Erfolge weitergezüchtet, und die immer als „leuchtende Beispiele“ für die Erfolge der Simmenthaler Zuchten in Deutschland hingestellten Bezirke Meßkirch und Miesbach können uns von den großen Vorzügen dieser Rasse gegenüber den Landrassen für die Landwirtschaft unseres

*) Lehnert, a. a. O. p. 187. Eine neuere, hierauf bezügliche und sehr beachtenswerte Schrift des Zuchtinspektors Friedrich Dettweiler-Darmstadt war bei Anfertigung dieses Werkes noch nicht im Buchhandel erschienen und konnte deshalb nicht berücksichtigt werden.

Vaterlandes nicht überzeugen; denn dort ist man nach eigenem Zugeständnisse immer noch auf den Import schöner Vatertiere aus der Schweiz angewiesen, und man arbeitet wieder hauptsächlich für den Export. Natürliche und wirtschaftliche Verhältnisse begünstigen hier die Rindviehzucht, wie wir dies nur in einem sehr kleinen Teile Deutschlands wieder finden werden. Daß aber die bis jetzt nach allem, was man hört, vorzüglichen, pekuniären Erfolge der Fleckviehzucht dieser Gegenden anhalten werden, wenn einmal die Liebhaberei für das bunte Scheckvieh bei den Landwirten abnehmen und sich damit die Nachfrage nach Zuchtvieh in diesen Distrikten verringern wird, das dürfte wohl sehr zu bezweifeln sein.

Die Unzufriedenheit der Züchter mit den Leistungen der importierten Simmenthaler und deren Nachzucht nimmt täglich zu, und man sinnt vielerorts auf Abhilfe, um wenigstens der Schweiz nicht mehr tributpflichtig zu bleiben.

Wir besitzen übrigens genug einheimische deutsche Rassen, die denen des Auslandes an Zuchtwert nicht nachstehen. Wenn sich die Züchter erst entschließen können, diesen mehr Aufmerksamkeit zu schenken, wird der unseren Nationalwohlstand schädigende Zuchtviehimport bald geringere Dimensionen annehmen und schließlich verschwinden. Hoffen wir, daß dies Zukunftsbild in nicht allzulanger Zeit erreicht wird.

Die Ausführungen über die Vorteile, die eine Hebung der authochthonen Landrindviehschläge aus sich heraus ohne Zuführung fremden Blutes bietet, will ich nun mit einigen Beispielen illustrieren.

Vorausschicken will ich jedoch, daß ich dabei keine Geschichte der in Betracht kommenden Landschläge geben will, sondern daß es mir lediglich darauf ankommt zu zeigen, welche Nachteile die Einfuhr fremden Blutes, das in seinen Eigenschaften mit den heimischen Landrassen stark divergiert, für diese zur Folge haben kann.

Wenn ich mich des Ausdruckes „authochthone" Rassen bediente, so ist dies nicht dahin zu verstehen, als wäre nun unser Landvieh von jeher ohne Beimischung des Blutes anderer Rassen geblieben. Es giebt wohl überhaupt kaum eine Rinderrasse, die nicht einen Tropfen fremden Blutes in sich trüge, und von unseren Landrassen sind einige direkt Kreuzungsprodukte. Wesentlich ist dabei nur, daß die Kreuzung vor längerer Zeit abgebrochen und die Rasse dann rein fortgezüchtet wurde, so daß sie sich allmählich den klimatischen, Boden- und wirtschaftlichen Verhältnissen wieder anpassen und ein einigermaßen ausgeglichener Viehstapel entstehen konnte, daß sie sich vor allen Dingen den Ansprüchen, welche die Landwirtschaft der betreffenden Gegend an ihre Rinderzucht stellen muß, gewachsen zeigt. Es kommt in der Rindviehzucht ja auch, wie Settegast in seiner „Tierzucht" gezeigt hat, auf die persönlichen Eigenschaften eines Zuchttieres an und nicht auf das Alter, bezw. die Konstanz der Rasse, welcher das betreffende Individuum angehört, womit selbstverständlich nicht gesagt sein soll, daß sich Kreuzungstiere, die ganz gutes Nutzvieh sein können, nun auch hervorragend zur Zucht eignen. Wir haben uns aber über diesen Punkt wohl schon genügend an anderer Stelle ausgelassen, daß wir uns nicht weiter zu wiederholen brauchen.

Unter sich selbst zeigen die Landrindviehschläge größere oder geringere Unterschiede sowohl in Bezug auf Leistungsfähigkeit als auf Formen, und der einzelne Schlag ist in der Hauptsache immer nur für die Verhältnisse seines Heimatbezirkes geeignet und keineswegs überall brauchbar.

Auch verschiedenen Rassengruppen gehören die deutschen Landrindviehschläge an. Schließen wir uns der Einteilung der Rinderrassen an, die Werner in seiner „Rinderzucht"*) giebt, und sehen wir ferner von den Schleswig-Holstein'schen Landschlägen ab, deren Leistungsfähigkeit und hoher Zuchtwert ja unbestritten ist, deren Besprechung wir also füglich unterlassen können, so müssen wir als Hauptvertreter des Primigeniustypes unter den Landschlägen das schlesische Rotvieh bezeichnen. Zur großstirnigen Rassengruppe rechnet man hauptsächlich die einfarbigen Thallandschläge, wie z. B. das Scheinfelder-, Franken-, Glan-Donnersberger und Limpurger Vieh. Ein Mischling zwischen dem großstirnigen und dem Niederungsvieh ist der Ansbach-Triesdorfer Schlag; durch Kreuzung des gelben Frankenviehes mit dem Braunvieh sind der Ellinger und der Murnau-Werdenfelser Schlag entstanden. Dem rotbraunen keltischen Kurzkopfrind gehört eine außerordentlich große Zahl von Landschlägen an: z. B. der Vogtländer, Vogelsberger, Taunus, Waldecker, Odenwälder, Harzer, Westerwälder, Kohlheimer, Pinzgauer u. a. Schläge.

Es würde uns zu weit führen, wenn wir auf jeden Schlag eingehen wollten. Deshalb wird es am zweckmäßigsten sein, wenn wir uns je einen Schlag aus diesen drei Gruppen herausgreifen, um an ihnen einesteils die verderblichen Folgen einer ziel- und planlosen Kreuzung, andererseits aber auch den großen Erfolg zu zeigen, den eine einheitliche, nach einem Plane arbeitende, nach demselben Ziele strebende Landesrinderzucht aufzuweisen hat. Wir wählen als geeignetste Repräsentanten:

1. das schlesische Rotvieh,
2. den Glan-Donnersberger und
3. den Harzer Schlag.

Über die hauptsächlichsten Ursachen des Rückganges der schlesischen Landesrinderzucht, was gleichbedeutend mit der Verkreuzung des roten schlesischen Tieflandschlages ist, haben wir uns weiter oben bereits ausgelassen. Nach Ziegert**) und Holdefleiß***) sind in den 30er und

*) Berlin 1892.
**) a. a. O.
***) Die Rinderzucht Schlesiens 1896.

40er Jahren des vorigen Jahrhunderts vielfach Rinder des alten Berner Schlages und Schwyzer eingeführt worden, in den 50er und 60er Jahren wurden Holländer, bunte Ostfriesen und Oldenburger beliebt, in den 70er Jahren Shorthorns, Wilstermarschvieh und Angeler und schließlich in den 80er Jahren hauptsächlich Simmenthaler, rote Ostfriesen und Scheinfelder. Durch diese Jahrzehnte lang betriebene Verzüchtung wurde der alte rote Landschlag in ein buntscheckiges Landvieh umgewandelt, das in seinen Formen bald mehr den Holländern, bald mehr den Simmenthalern oder einem andern Schlage glich. Als im Laufe der Zeit die Bodenkultur stieg und mit ihr die Erträge aus der Rindviehhaltung zunahmen, stellte sich das Bedürfnis nach Rindern ein, welche nach verschiedenen Richtungen hin höhere Leistungen aufzuweisen hatten. Man war nun in dem Irrtum befangen, daß dies durch Beschaffung anderer Rinderrassen am vollkommensten zu erreichen sei. Die Leistungen blieben aber hinter den Erwartungen zurück und das Ausarten der importierten Tiere nötigte immer zu wiederholtem Bezug von Zuchtvieh. Zur Vergrößerung dieses Durcheinander trugen noch die vom Staate und dem landwirtschaftl. Zentralvereine unterstützten Bullenstationen bei, da dieselben sehr ungleichmäßig besetzt waren. Die Landesrinderzucht Schlesiens lag also vollständig darnieder.

Dieser Niedergang benachteiligte ganz besonders den bäuerlichen Besitzer, da ein dem Kleingrundbesitz in der Hauptsache zufallender Erwerbszweig, die Ochsenzucht, am meisten darniederlag. Während früher die schlesischen Ochsen sich wegen ihrer Genügsamkeit und Gängigkeit eines gewissen Rufes in der heimischen Provinz und den angrenzenden Ländern erfreuten, so daß von ihnen alljährlich eine erhebliche Zahl ausgeführt werden konnte, ging deren Güte und Zahl so zurück, daß sie nicht einmal mehr für den eigenen Bedarf der Provinz genügten. Diese Zustände konnten natürlich auf die Dauer nicht befriedigen, und man sann auf Mittel zur Abhilfe.

Dies führte endlich dazu, daß seit dem Jahre 1884 der landw. Zentralverein die Züchtungsfrage ernstlich erwog.

Es wurde für notwendig erachtet,*) daß zur Hebung der Landesrinderzucht Maßregeln zu ergreifen seien, welche die Entwickelung eines in Form, Farbe und Leistung gleichen Rinderschlages rasch förderten und gewährleisteten.

Über die Art der Maßregeln war man allerdings verschiedener Ansicht; auf der einen Seite wollte man durch fortgesetzte Einfuhr von Vatertieren bestimmter fremder Rassen das gewünschte Ziel erreichen, auf der anderen Seite forderte man ein Zurückgreifen auf das alte ursprünglich in Schlesien allgemein vertretene Landvieh, das noch immer

*) Ziegert, a. a. O. p. 6.

in dem Rufe stünde, genügsam und widerstandsfähig, wenn auch mäßig melkend zu sein.

Glücklicherweise traf man, wie der Erfolg lehren sollte, die richtige Wahl, indem man auf das alte rote und rotbunte Landvieh zurückgriff, das trotz aller Verzüchtungen in den verschiedenen Teilen des Landes noch in ansehnlicher Zahl zu finden war.

Ein diesbezüglicher Beschluß wurde am 2. März 1886 gefaßt, wobei gleichzeitig als Zweck der Zuchtbestrebungen hingestellt wurde, einen lohnenden Absatz von Zuchtvieh zu schaffen und das erforderliche Ochsenmaterial für größere Güter zu gewinnen.

Als hauptsächlichstes Mittel zur Hebung der Landesrinderzucht wurde die Gründung und Unterhaltung von Stammherden bezeichnet, wozu man die ausgeglichenen Herden größerer Besitzer benutzte, die ihrerseits nun wieder gutes Mannvieh zur Besetzung der Bullenstationen liefern sollten. Solcher Herden wurden zu Anfang 19 eingerichtet. Ziegert sagt hierüber wörtlich: „Daß in den ausgewählten Herden thatsächlich nur schlesisches Landvieh zu finden ist, muß allerdings bestritten werden. In einzelnen Fällen ist sogar der Einfluß von Vatertieren anderer Rassen unverkennbar. Doch ist im ganzen der Typus des Schlages wenig verändert. Futter und Bodenbeschaffenheit beeinflussen denselben, wie wir das z. B. an den Holländern sehen, deren hier gezüchtete Nachkommen ausarten und gewöhnlich bald dem Typus des Landviehes ähnlich werden. In den Herden der Kreise Nimptsch und Frankenstein zeigt sich der Einfluß der Berner Rasse. Die Einführung des Berner Blutes datiert schon aus den Zeiten der österreichischen Herrschaft. — In zwei Herden wurde je einmal ein roter Ostfriese verwendet, in zwei Herden Wilster, in einer Herde sogar auch Shorthorn. In allen Fällen erfolgte die Verwendung dieses fremden Bullenmaterials wegen Mangels an geeigneten Vatertieren der Landrasse und zur Vermeidung lang andauernder Inzucht.“*)

Dadurch nun, daß man diese Herden rein weiter züchtete, die Verwendung von Bullen anderer Rassen vermied, vielmehr einen Austausch von Sprungtieren unter den Herden selbst vermittelte, daß man ein gleiches Zuchtziel verfolgte, nämlich neben einer mittelguten Milchergiebigkeit auch die Brauchbarkeit zum Zuge und zur Mast auszubilden, daß man alle nicht für dieses Zuchtziel passende Tiere ausmerzte, ist es gelungen, in verhältnismäßiger kurzer Zeit einen, wenn man das große Verbreitungsgebiet in Betracht zieht, ziemlich konformen, jedenfalls aber sehr brauchbaren, ganz besonders aber für den Mittel- und Kleinbesitz geeigneten Viehschlag zu schaffen.

Man kam gewiß so schneller zur Konstanz und ersparte viel Geld, das man hätte für gutes fremdes Bullenmaterial ausgeben müssen, wäre

*) a. a. O. p. 18.

die Ansicht zum Siege gelangt, daß die Einheitlichkeit der Zucht durch fortgesetzte Einfuhr einer auswärtigen Rasse zu erreichen gesucht werden sollte.

Die äußeren Erfolge dieser Zuchtmethode werden am besten dadurch gekennzeichnet, daß dieses Rind die Grenzen seines eigentlichen Zuchtgebietes bereits überschritten hat. Es wurden nach Knispel*) gezählt

in der Provinz Schlesien . . .	266384	Haupt,
„ „ „ Posen	107266	„
„ „ „ Brandenburg . .	9603	„
Summa	383253	Haupt.

Der Bedarf an Zug- und Mastochsen wird schon lange in der Provinz selbst wieder gedeckt, und es gelangt noch eine nennenswerte Anzahl zur Ausfuhr. Es ist dies gewiß ein Erfolg, der in so kurzer Zeit seines Gleichen sucht, und ein Beispiel, das zur Nachahmung auffordert.

Der Glan-Donnersberger Schlag, bei dem wir es mit einem schon ziemlich veredelten Zweige des Landwirts zu thun haben, hat vielleicht eine noch wechselvollere Geschichte als das schlesische Rotvieh aufzuweisen. Die Zucht dieses Viehschlages, der früher in zwei getrennte Gruppen, das Glan- und das Donnersberger Vieh, zerfiel, litt im Laufe der Zeit ganz besonders dadurch, daß infolge der großen Nachfrage gerade die besten und schwersten Rinder ausgeführt und nur die weniger zuchttauglichen zurückbehalten wurden. Dies hatte dann immer die Wirkung, daß die Zuchten stark in ihren Leistungen zurückgingen.

In der Mitte des 18. Jahrhunderts waren in Süddeutschland einige Fürsten bestrebt, die herabgekommene Rindviehzucht wieder zu heben. Sie glaubten dies in der Regel dadurch am besten erreichen zu können, daß sie größeres fremdes Vieh einführten und ihren Unterthanen unentgeltlich oder doch gegen eine geringe Entschädigung zur Verfügung stellten.

Die Herzöge von Nassau, denen das Gebiet am Donnersberge gehörte, entschieden sich für Einführung von Berner-Bullen und Schwäbisch-Limpurger Kühen, während man in der Glan, wo die Herzöge von Zweibrücken Landesfürsten waren, zur Kreuzung von eingeführtem Höhen- und Niederungsvieh schritt,**) aber, wie in der Regel, mit negativem Erfolge. Daneben wurden wahrscheinlich auch Tiere der Braunviehrasse eingeführt.

Nach Frank***) kam man nach nicht langer Zeit von der Einfuhr fremden Blutes ab, weil gleichzeitig mit einem allerdings vermehrten

*) Die Verbreitung der Rinderschl. in Deutschland 1897, Arbeiten der „D. L.-G.“, Heft 23.

**) Wildens, die Rindviehrassen des Walliser-Eringerthales, des Pfälzer-Glanthales &c. Österr. landw. Wochenbl. 1875, №. 48.

***) D. Glan-Donnersberger Viehschl. i. seiner Heimat, Kaiserslautern 1886.

Körpergewicht ein unmäßig schwerer Knochenbau und, damit zusammenhängend, eckige und unschöne Formen, dicke schwere Haut, sowie verminderte Milchergiebigkeit erzielt wurden. Die Simmenthaler Kreuzungen befriedigten auch besonders deshalb nicht, weil sie ohne ständige Auffrischung mit Originaltieren alsbald nach nur wenigen Generationen ausarteten.

Solche üblen Erfahrungen veranlaßten die einsichtsvollen Züchter, von der Kreuzung abzulassen, und sich einer sorgfältigen Inzucht zuzuwenden.

Der Erfolg war ein guter; denn trotz der Kriegsjahre um die Wende des 18. Jahrhunderts brachte man die Zucht wieder so hoch, daß beide Schläge zu jener Zeit einen vorzüglichen Ruf genossen. So wurde z. B. das Glanvieh als Normalschlag für sämtliche östlichen Provinzen Frankreichs aufgestellt, und der Präfekt des Departements „Mont Donnersberg" befahl — jedenfalls in der Absicht, die Rasse rein zu halten — jeden körperlich untauglichen oder einer anderen Rasse angehörigen Stier durch den Metzger fällen zu lassen. Das Resultat dieser Verfügungen war, daß sich der Absatz über die Maßen hob, die besten und schwersten Tiere ausgeführt und nur die mangelhaften zur Zucht beibehalten wurden.

Auch am Donnersberge hatte das Ablassen von der Kreuzung in verhältnismäßig kurzer Zeit eine Besserung in dem Stande der Zucht bewirkt, denn Ende des 18. Jahrhunderts war das um den Donnersberg herum einheimische Rind unter dem Namen „Nassauer Vieh" ein gesuchter Handelsartikel, das als Zug- und Masttier und wegen seines hohen Körpergewichtes sehr geschätzt ward. Die günstigen Absatzverhältnisse blieben noch bestehen, als beide Landesteile unter die jetzige Landeshoheit kamen. Das Resultat war ähnlich wie beim Glanvieh: die Zuchten gingen an Körpergewicht zurück, den Anforderungen des Handels wurde immer weniger entsprochen, die Nachfrage nahm ab, die Preise sanken.

Wiederholt wurde nun von den Züchtern am Donnersberg trotz der üblen Erfahrungen von früher versucht, durch Kreuzung mit Berner Stieren mehr Körpergewicht zu erreichen, selbstverständlich mit dem gleich ungünstigen Erfolge wie vorher. Diese zweite Kreuzungsperiode dauerte von 1815—1830. Trotzdem seither nur vereinzelt gekreuzt wurde, konnten sich beide Schläge lange nicht von den Überbleibseln jener unglücklichen Zeitströmung freimachen.

Im Glangebiet hielt man sich diesmal größtenteils fern von der Kreuzung und suchte den Schlag durch sorgfältige Inzucht wieder hoch zu bringen. Man fuhr bei dieser Methode nicht schlecht, wie ein von Lydtin citiertes Urteil des Villeroy, eines Gutsbesitzers und hervorragenden Viehkenners auf Rittershof bei Blieskastel beweist. Dieser sagt vom Glanvieh: „Die Tiere sind im allgemeinen gut gebaut. Sie haben eine zarte weiche Haut und feines Haar; sie sind gelehrig, arbeiten gut, mästen sich leicht an und liefern ein vorzügliches Fleisch. Sie sind gute Milchkühe, ich habe eine solche von 250 kg Gewicht, welche frischmelkend und mit grünem Klee gefüttert täglich 24 l Milch liefert. Kühe, die unter solchen Umständen täglich 18 l Milch liefern, sind nicht selten."*)

Durch die Vermehrung der Verkehrswege und der Erleichterung des Verkehrs überhaupt in der zweiten Hälfte des 19. Jahrhunderts hob sich abermals der Absatz des stets beliebt gebliebenen Glanviehes, und die Züchter gaben wieder ihr bestes Material weg. Da nun die Landwirte auch noch in andere Zuchtfehler, z. B. Paarung unreifer Tiere, Benutzung schlechten Zuchtmaterials, häufigen Wechsel des männlichen Zuchtviehes verfielen, kam natürlich der Schlag abermals zurück. An einigen Orten wurden deshalb Kreuzungen mit Shorthorns oder Durhams unternommen, freilich wie stets in Süddeutschland mit negativem Erfolge.

Eine Wendung zum Bessern trat erst ein, nachdem der rühmlichst bekannte Wanderlehrer für Viehzucht, Prof. Dr. May-Weihenstephan, den Zuchtbezirk belehrend durchreiste und das richtige Verständnis für Viehzucht weckte. Er empfahl die Verbesserung des Schlages durch sorgliche Reinzucht.

Infolge dieser Anregung wurden nun durch das landw. Kreiskomitee Stammzuchtbezirke gebildet, die sich von Jahr zu Jahr mehrten, und der nächste Erfolg hiervon war die sorgfältigere Auswahl des männlichen, höhere Wertschätzung guten weiblichen Materials und eine namhafte Verbesserung der Aufzucht des Jungviehes. Es ging jetzt im Gebiete des Glan-Donnersberger Viehschlages rasch vorwärts zu erfreulichen Erfolgen. Als ein besonders zuchtförderndes Moment ist noch die 1894 erfolgte Zusammenfassung beider verwandter Schläge zu einem einheitlichen großen Zuchtgebiet zu erwähnen.

Jetzt hat das Glan-Donnersberger Vieh sich bereits weit über die Pfalz hinaus verbreitet und Dank seiner Leistungsfähigkeit in vielen Gegenden den Wettbewerb mit dem Fleckvieh und anderen Schlägen siegreich aufnehmen können.

Eines der interessantesten Beispiele für unsere Betrachtung bietet auch der Harzschlag, weil wir in ihm ein anschauliches Exempel finden, was durch zielbewußte Züchtung einer den Verhältnissen angepaßten Rasse erreicht werden kann, wie aber auch andererseits unvernünftige Kreuzungen die Rinderzucht eines großen Gebietes an den Rand des Verderbens bringen können.

Im zweiten Viertel des 19. Jahrhunderts hatte das Harzvieh eine gewisse Blütezeit zu verzeichnen. Aus einer Kreuzung des alten

*) Das deutsche Rind, p. 476.

Landviehes mit einem Stamme Tiroler Viehes, bezw. dessen Nachzucht, hervorgegangen, genoß es einen sehr guten Ruf auch über die Grenzen des Harzes hinaus. Die Harzrasse zeichnete sich besonders dadurch aus, daß sie relativ gute Milchgeber lieferte, die sich leicht mästen ließen, bei der Mast diejenigen Körperteile gut entwickelten, welche bei Masttieren allgemein hoch geschätzt sind, daß sie ein feinfaseriges Fleisch besaßen, sehr marschfähig und zugtüchtig waren. Diese vorzüglichen Eigenschaften des alten Harzschlages veranlaßten eine starke Ausfuhr von Zucht- und Nutztieren aus dem Zuchtgebiet, und die große Nachfrage übte ebenso wie im Glangebiet, keinen verbessernden Einfluß auf den Stand der Zucht aus, sie wurde dem Züchter kein Ansporn, aus dem vorhandenen guten Material noch leistungsfähigeren Nachwuchs herauszuzüchten, sondern er gab, durch die hohen Preise verlockt und kurzsichtiger Weise nur den augenblicklichen Vorteil im Auge behaltend, gerade das beste Zuchtmaterial hin und behielt in der Regel nur das minderwertige zurück.

Für den sich sehr bald fühlbar machenden Rückgang der Zucht suchte man wie üblich Abhilfe in der Ferne, indem man den einheimischen Stamm mit Tieren aller möglichen Schläge, hauptsächlich aber mit Allgäuern, Glanern und Simmenthalern kreuzte. Das Ergebnis war kein günstiges, denn die Kreuzungsprodukte gingen in ihren Leistungen sehr zurück, da sie weder das rauhe Klima, noch die langen Märsche zur Waldweide ertragen konnten und außerdem hemmte die manchmal knappe Ernährung auf der Weide ihre gute körperliche Entwickelung. Auf diese Weise erhielt aber der Rindviehbestand auf dem Harze ein so buntscheckiges Aussehen, daß es schwer hielt, Anfang der 70er Jahre überall noch Exemplare der einst so sehr beliebten alten Harzrasse zu finden.

In letzter Stunde nahm sich glücklicherweise der landw. Hauptverein Göttingen, zu dessen Bezirk der größte Teil des in Betracht kommenden Bezirkes gehört, des solange vernachlässigten Harzviehes an. Eine Kommission wurde ernannt, welche das Zuchtgebiet bereiste und die Verhältnisse genau prüfte und darlegte. Man erkannte jetzt, daß die Hauptursache des Rückganges der Rindviehzucht auf dem Harze in den oben angegebenen Verfehlungen der Züchter bestehe und beschloß, die Wiederherstellung der alten Harzrasse mit Hilfe der gesammelten guten Reste dieses Viehes mit allen zu Gebote stehenden Mitteln in's Werk setzen zu wollen.

Die Vorschläge der Kommission in ihrem Berichte an den Hauptverein gingen besonders nach zwei Richtungen:

I. Verbesserung der Qualität,

II. Verbesserung der Ernährungsverhältnisse.

Zu I hatte die Kommission, deren Vorsitzender, Amtsrat Creydt, sich die größten Verdienste um die Hebung der Rindviehzucht auf dem

Harze erwarb, folgende Maßregeln empfohlen, die wir als typisch für alle Maßregeln ähnlicher Art mitteilen wollen. Es sind dies:

1. Veröffentlichung der Kennzeichen der alten Harzrasse,
2. Bildung von Viehzuchtsvereinen,
3. Einführung einer Stierkörungsordnung,
4. Prämiierung der besten Kühe der alten Harzrasse,
5. Errichtung eines Herdbuches,
6. Bildung kleiner Stammherden,
7. Bildung einer Sektion für Rindviehzucht innerhalb des Hauptvereins.

Durch solche Maßregeln und dadurch, daß die Königliche Regierung erhebliche Geldmittel zur Durchführung derselben bewilligte, wurde ein allgemeines kräftiges Vorgehen gesichert und der Erfolg blieb nicht aus. Bald befand sich die Rindviehzucht des Harzes nach den Zeugnissen aller Berichterstatter wieder in aufsteigender Linie. Die Qualität des Viehes hat sich seit dieser Zeit ständig gebessert, und es sind jetzt fast alle anderen Rindviehrassen vom Harzgebiet verdrängt worden.*)

Auch die anderen Landschläge haben wohl ohne Ausnahme in ihrer Geschichte ähnliche Episoden zu verzeichnen. So interessant es wäre, hierauf einzugehen, müssen wir aber doch aus dem schon erwähnten Grunde darauf verzichten.

Leistungen der Landrindviehschläge.

Wenn sich neuerdings unter unseren Landwirten mehr und mehr die Überzeugung Bahn bricht, daß sich die Zucht und Haltung des Landrindviehes in vielen Fällen und unter den verschiedensten Verhältnissen rentabler gestaltet, als die der hochgezogenen Rassen, so ist das ganz gewiß in wirklichen Vorzügen begründet, denn die Moderichtung in der Rindviehzucht ist nach wie vor anderen Rassen, namentlich Simmenthalern und Holländern, günstig. Dies führt uns zur Besprechung der Leistungen unserer Landrindviehschläge.

Zuvor aber wollen wir einige Punkte beleuchten, die von größtem Einfluß auf die Futterverwertung sind, über die aber unter den Züchtern betreffs der Landrassen vielfach irrtümliche Ansichten verbreitet sind. Es sind dies: 1. Früh- bezw. Spätreife, 2. Entwicklung des Körpergewichts, 3. Genügsamkeit und 4. Konstitution.

Die mangelnde Frühreife ist gewöhnlich der Hauptvorwurf, der unseren Landrassen gemacht wird und den man immer gegen sie in's Feld führt. Man sagt, es daure zu lange, bis ihre Individuen in Nutzung genommen werden könnten.

---

*) Vergl. hierzu: „Bericht der Kom. z. Hebg. d. Viehzucht auf dem Harze" 1878; Edler, die Rindviehz. auf d. Harze, Hannover'sche landw. und forstwirtsch Z. v. 13. Nov. 1889; Matthiessen, Monographie des Harzrindes, 1894.

Es ist nun nicht zu bestreiten, daß ein großer Teil der hierher gehörigen Tiere mehr oder minder spätreif ist, aber diese Thatsache läßt sich im Hinblick auf die Aufzuchts- und Ernährungsverhältnisse, unter denen sich die Landrassen zumeist befinden, leicht erklären, und sie weist geradezu daraufhin, daß unter solchen Umständen unsere Bauern mit durch Frühreife ausgezeichneten Kulturrassen nicht auskommen können. Die Frühreife ist eben keine konstante Rasseeigenschaft, sondern sie kann auch Tiergruppen, die jetzt für relativ spätreif gelten, angezüchtet werden, und augenblicklich damit ausgezeichnete Zuchten können sie im Laufe der Zeit wieder verlieren. Wegen der Wichtigkeit, die eine klare Einsicht in diese Züchtungsfrage hat, wollen wir uns einmal vergegenwärtigen, wie früh- und spätreife Rassen entstehen.

Ein Tier, welches schon im Mutterleibe und während des Säugens schwach ernährt wird, das auch nach dem Absetzen nicht reichlich mit Eiweißstoffen und knochenbildenden Mineralsubstanzen versorgt wird, entwickelt sich langsam. Wird die Entwickelung aber in frühester Jugend durch Mangel gehemmt, so läßt sich das durch spätere reichliche Ernährung nicht ausgleichen, denn es ist eine durch Messungen und Wägungen in Zahlen ausdrückbare Beobachtung, daß das junge Tier in der ersten Zeit nach seiner Geburt am schnellsten wächst. Der Nutzeffekt des Futters wird aber durch starke Bewegung, bedeutende Temperatureinflüsse u. dergl. m. vermindert.

Im Gegensatz hierzu entsteht das frühreife Individuum, wenn das junge Tier von einer in gutem Futterzustande befindichen Mutter als Frucht zur Welt gebracht und nach der Geburt auf's reichlichste mit Milch ernährt wird, wenn das selbständig gewordene Tier alle diejenigen Stoffe jederzeit in ausreichender Menge und guter Beschaffenheit findet, die zu einer schnellen Entwickelung nötig sind, wenn ferner dem Tiere keine zu starken Körperanstrengungen zugemutet und es keinen Witterungs- und sonstigen Einflüssen ausgesetzt wird, wodurch ein in dieser Beziehung ungünstiger Stoffwechsel veranlaßt werden könnte, der das Wachstum zum Hemmen brächte.

Jedes Individuum kann auf diese Weise relativ frühreif oder spätreif gemacht werden, je nachdem die äußeren Bedingungen hierzu geeignet sind. Ist die Mehrzahl der Individuen einer Rasse unter solchen Umständen geboren, aufgezogen und regelmäßig gehalten worden, daß sie sich entweder frühreif oder spätreif entwickeln, so spricht man auch von spätreifen, bezw. frühreifen Rassen oder Schlägen.*)

Bekanntlich werden solche erworbenen physiologischen und morphologischen Eigenschaften, wie sie mit der Frühreife zusammenhängen, auf die Nachzucht in der Anlage vererbt. Sollen aber die übertragenen Anlagen zur Entwickelung kommen, so ist es notwendig, daß dieselben

*) Nach Nathusius, Vorträge I p. 12.

Einflüsse fortdauern, welche bei den Vorfahren die betreffenden Eigenschaften erzeugten.

Mit der Frühreife entwickeln sich gewisse Körperformen, die wir bei einem Teil unserer Landrindviehrassen vermissen, aber nicht bei allen, wie hier ausdrücklich bemerkt werden soll. Dahin gehören z. B. ein im Verhältnis zu den Gliedmaßen weiter und großer Rumpf, ein kleiner Kopf und kleine Füße, ein breiter Rücken, eine breite Brust, weite gewölbte Rippen, ein Skelett, dessen Wachstum frühzeitig abgeschlossen ist.

Besonders interessant und für die Fütterung äußerst wichtig ist die verschiedene Entwickelung der einzelnen Magenteile, welche die Frühreife bedingen. Der Labmagen, welcher beim neugeborenen und säugenden Rind am größten ist, behält sein relatives Übergewicht, da beim frühreifen Rinde sich zwar später der Pansen stärker entwickelt, aber nicht in dem Maße, wie es zu einer guten Ausnützung voluminöser Futtermassen mit geringem Nährstoffgehalte notwendig wäre. Es eignet sich deshalb ein frühreifes Rind mehr für Verhältnisse mit intensiver Fütterung. Kommt es aber in Verhältnisse, wo es die Fähigkeit, konzentrierte Futtermassen leicht und schnell zu verdauen, nicht in Anwendung bringen kann, wird es nutzloser sein als ein spätreifes, das die Fähigkeit besitzt, allenfalls von Stroh zu leben.

Die Frühreife hat, wie schon Nathusius*) hervorhebt, größere Bedeutung für diejenigen Arten und Rassen, deren hauptsächlichste Nutzung erst nach dem Tode eintritt, also bei den nur zum Schlachten bestimmten Tieren. Verlangen wir die Leistungen aber hauptsächlich und ausschließlich während des Lebens, wofür beim Rindvieh Milch- und Zugleistung in Frage kommen, so ist die Frühreife von untergeordneter Bedeutung, manchmal direkt unerwünscht.

Unsere Landrassen sind auf kombinierte Leistungsfähigkeit gezüchtet; eine gleichmäßig reiche Ernährung dürfte nur in der Minderheit der Fälle möglich sein. Der kleinbäuerliche Besitzer mit seinem fast immer zersplitterten Grundbesitz hat zur Ernährung seiner Tiere meist nur Heu, Stroh, Spreu und etwas Wurzelwerk, wenn es hoch kommt, die Kleie des für den Bedarf des eigenen Haushaltes gemahlenen Mehles und Schrot des selbstgebauten Getreides zur Verfügung. Zum Ankauf von Kraftfutter kann er sich nur schwer entschließen. Dazu gehen ihm leider nur zu oft die nötigen Mittel oder auch die entsprechende Einsicht ab, welche der Einkauf und die gute Verwertung der käuflichen und konzentrierten Futtermittel erfordert.

Was aber die Haltung der meisten Landesrinderrassen ganz besonders empfiehlt, das ist die Thatsache, daß sie die Grundlage für eine gewinnbringende Ochsenzucht abgeben. Diejenigen Rassen, welche unsere

---

*) a. a. O. p. 97.

besten, geschätzten und am teuersten bezahlten Zugochsen liefern, sind alle mehr oder minder spätreif. Dasselbe ist von vielen derjenigen Rassen zu sagen, deren Individuen als besonders milchergiebig bekannt sind. Frühreife Tiere sind als Milchkühe in der Regel nicht viel länger als sechs Jahre zu brauchen, während eine Landkuh nicht selten bis zum 12., sogar bis zum 14. Jahre mit Vorteil zur Zucht Verwendung finden kann und während dieser Zeit in der Milch- und Zugnutzung wenig nachläßt. Diese Eigenschaften sind aber dem kleinbäuerlichen Landwirt sehr erwünscht; denn muß er vor der Zeit eine Kuh ausrangieren, weil sie zu fleischig oder nicht trächtig wird, so ist das immer mit Verlust für ihn verknüpft. Es ist deshalb in diesem Falle der Mangel an allzugroßer Frühreife eher als ein Vorteil für den wirtschaftlichen Wert anzusehen.*) Deshalb warnt Werner**) die Züchter des roten schlesischen Tieflandschlages Frühreife, Größe und Mastfähigkeit ihres Viehes weiter zu entwickeln, weil darunter die Arbeitsleistung und die derbe allgemeine Körperbeschaffenheit litten, ein erwünschtes Ziel für die Landesrinderzucht aber immer bleiben müsse, die Ochsenmärkte mit großen Posten gleichartiger und brauchbarer Zugochsen beschicken zu können. Wie bekannt, ernähren die Züchter des Angeler Milchviehes ihr Jungvieh keineswegs reichlich, um eine größere Frühreife, Größe und Schwere der Tiere zu vermeiden,, was, wie man glaubt, der Milchergiebigkeit nachteilig ist.

„Es ist ein thörichtes Vorgehen,“ sagt Nathusius, „wenn man auf der einen Seite den großen Nutzen der Frühreife bei einigen unserer neuen Kulturrassen anerkannt hat, darum dieselbe bei allen Zuchten anstreben zu wollen, das muß notwendig auf Abwege führen; man muß sich auch hier des bestimmten Zweckes bewußt bleiben.***)

Ein weiterer Umstand, der so manchen Viehzüchter von der Haltung des Landrindviehes abhält, ist die im Verhältnis zu dem schweren Höhenfleckvieh geringere Körpergröße eines großen Teiles der hier in Betracht kommenden Rindviehschläge. Dies ist eine Thatsache, die niemand bestreiten kann und besonders die dem rothen Höhenvieh angehörigen Landschläge erreichen in ihren Vertretern selten mehr als Mittelgröße, während andererseits die einfarbigen Thallandschläge, z. B. Franken und Scheinfelder, den Simmenthalern und ihren Abkömmlingen in Bezug auf Gewicht wenig nachstehen.

Wir wollen an dieser Stelle noch nicht darauf eingehen, wie überhaupt der Wert eines großen Tierkörpers für die Leistungen einzuschätzen ist; jedoch möchten wir betonen, daß die geringe Entwickelung des Körpergewichtes keineswegs der Rasse allein zuzuschreiben ist,

*) Vergl. Leithiger, a. a. O. p. 28.
**) Das deutsche Rind, p. 338.
***) Vorträge I. p. 98.

sondern dies hat in der Hauptsache seinen Grund in der schlechten Ernährung der Tiere, besonders im Jugendstadium. Die Kälber erhalten meist nur 14 Tage lang Vollmilch, dann wird ihnen in den bäuerlichen Stallungen die Milch entzogen, und ohne langen Übergang werden sie auf Heu und Stroh angewiesen. In diesem Alter ist natürlich der Magen noch nicht so weit entwickelt, daß er im Stande wäre, größere Mengen Rauhfutter aufzunehmen und nutzbar zu verwerten. So wird schon in frühester Jugend die Entwickelung gehemmt.

Trotz alledem sind die Landrassen recht entwickelungsfähig, und das beweisen alle besseren Zuchten auf's schlagendste. Während z. B. das Kuhgewicht des Vogelsberger Schlages im Durchschnitt nur 7 Ctr. beträgt und das Gewicht einer kürzlich ernährten Kuh des höheren Vogelsberges bis auf 5 Ctr. und darunter fällt,*) erreichen die Kühe in den oberhessischen Zuchthöfen bei der daselbst üblichen besseren Ernährung Gewichte bis zu 11 Ctr., in der Regel aber die erwünschte Körperschwere von 8—10 Ctr.**)

Der schlesische Tieflandschlag bleibt in seinen weiblichen Exemplaren zwar um 1—2 Ctr. Lebendgewicht hinter den ebenfalls in Schlesien zahlreich vertretenen Holländer Kühen gleichen Alters zurück, eine weitere Steigerung des Gewichtes wäre aber durch entsprechende Fütterung mit leichter Mühe zu erreichen. In der That weisen ja auch die Tiere der Stammzuchtherden ein um 50 kg höheres Durchschnittsgewicht als die weniger gepflegten anderen Exemplare dieses Schlages auf.

Professor Werner berichtet von einer Kuh des Westerwälder Schlages, die er als Preistier auf einer Ausstellung im Alter von $4^1/_2$ Jahren kaufte. Diese Originalkuh hatte ein Gewicht von 385 kg. Sie brachte ein Kalb zur Welt, das von vornherein gut ernährt wurde und in demselben Alter wie die Mutter 520 kg wog.***)

Herr Dr. Matthiessen-Tettenborn am Harz teilte mir mit, daß er eine durch hervorragende Milchergiebigkeit ausgezeichnete Kuh der Harzrasse gehabt hätte, die sich aber trotzdem so anfleischte, daß sie, weil zu fett, nicht mehr aufnahm. Dieselbe hatte, als sie an den Metzger verkauft wurde, ein Lebendgewicht von nicht weniger als 16 Ctr.

Oberamtmann Dreves sagt von dem Waldecker Vieh: „Die Kühe haben ein Lebendgewicht von 9—11 Ctr., welches sich bei sachgemäßer Aufzucht leicht erheblich erhöhen ließe.****)

In meiner väterlichen Wirtschaft aufgezogene und gemästete, allerdings von Geburt an gut gefütterte Tiere des roten Landschlages hatten im Alter von $1^1/_2$—2 Jahren ein Schlachtgewicht von 5—6 Ctr.

*) Leithiger, a. a. O. p. 18.
**) Briefl. Mitteil.
***) Rindviehzucht, Berlin 1892, p. 397.
****) „D. L. Pr.", Jahrg. 1899, № 12.

Ein Beweis für die bei unserem Landvieh vorhandene Wüchsigkeit sind auch die großen, schweren und kräftigen Zugochsen, die alle hierher gehörigen Schläge liefern. Der Verfasser hat öfters selbst Gelegenheit gehabt, zwecks Ochseneinkauf die Ställe von Züchtern der roten und gelben Landschläge im nördlichen Bayern und dem angrenzenden Thüringen zu besuchen. Er fand in nicht wenig Fällen Kühe, deren Lebendgewicht auf nicht mehr als höchstens 8—9 Ctr. zu schätzen war, die uns aber als Mütter von 3—4 Jahre alten Ochsen gezeigt wurden, die wir dann kauften, sodaß wir das Lebendgewicht feststellen konnten, wobei sich Gewichte von 12—16 Ctr. und mehr herausstellten. Was ließe sich aber aus solchen Kühen machen, wenn man sie nur halbwegs so reichlich füttern und annähernd so pflegen wollte, wie die Ochsen!

Die Bauern täuschen sich auch gar oft über die Entwickelungsfähigkeit ihres einheimischen im Vergleich zum fremden Vieh. Sie sind gewöhnt, dasselbe knapp zu ernähren. Haben sie nun unter Aufwendung aller verfüglichen Mittel ein oder einige Stücke „Rassevieh" angeschafft, so lassen sie diesem schon wegen des hohen Anlagekapitals größere Sorgfalt, reichlicheres und besseres Futter, die besten Bissen überhaupt und aufmerksame Pflege zukommen. Entwickeln sich dann, wie dies ja selbstverständlich ist, die importierten Tiere besser, so liegt das eben, wie sich die Besitzer selbst glauben machen, an der „Rasse". Landesinspektor Dr. Vogel-München erzählt, die Landwirte sagten oft: „Wir kommen mit den Schecken unbedingt weiter, sie wachsen doppelt so schnell als die Roten oder Gelben", und dann erhielte man gewöhnlich auch ein scheckiges und ein einfarbiges Kalb gezeigt, die gleichen Alters sind und bei denen in der That ein auffallender Unterschied zu Ungunsten des letzteren zu sehen sei. Davon spreche man aber nicht, daß man für die scheckige Kalbin das Doppelte und Dreifache des Ankaufspreises gezahlt habe, wie man ihn für ein gutes Tier des einheimischen Schlages aufwenden würde; man spreche auch nicht davon, wie viel besser als die einheimische man die Simmenthaler Kalbin oder gar erst deren Kalb gefüttert habe.*)

Nach Angaben, welche ich der Liebenswürdigkeit des eben genannten Herrn verdanke, erreichen nach 5wöchiger Säugezeit Vogtländer Kälber 75—148 ℔ Lebendgewicht, Fleckviehkälber 75—160 ℔. Nach 6 Monaten haben Vogtländer ein Gewicht von 150—380 ℔, nach 12 Monaten 250—560 ℔. Herr Landesinspektor Dr. Vogel giebt zu, daß, von Ausnahmen abgesehen, mit 12 Monaten das Fleckvieh in der Regel höhere Gewichte erreicht als diejenigen, die wir von den Vogtländern nannten, aber die Vogtländer Rinder, sofern sie gut gehalten und entsprechend gefüttert und auch nicht zur Arbeit verwendet würden, holten gewöhnlich die Fleckviehtiere im 2.

*) Wochenbl. d. landw. Vereins i. Bayern. 1896, № 2.

und 3. Jahre im Gewichte wieder ein. Werden jedoch die Fleckviehtiere ohne besondere Bevorzugung im Futter schon vor Vollendung des 2. Lebensjahres wahllos zur Arbeit verwendet wie die Vogtländer, so bleiben erstere gegen letztere sogar in der Regel im Wachstum zurück.

Ausgewachsene Kühe des Vogtländer Schlages erreichen ein Lebendgewicht von 8—12 Ctr., die weiblichen Tiere des Fleckviehs allerdings 8—16 Ctr. Die Geschlechtsreife und das Zuführen zum Bullen erfolgt bei beiden Rassen im Alter von 15—20 Monaten, demgemäß das 1. Abkalben mit 2—2½ Jahren. Wegen der größeren Futteransprüche sind aber auch die Erzeugungskosten einer solchen Kuh des Fleckviehstammes wesentlich höher.

Die Fleckviehochsen sind erheblich schwerer als die des Vogtländer Schlages. Erwägt man aber, daß ein solcher Ochse nahezu doppelt so viel Futter als ein Rotviehochse konsumiert und infolgedessen seine Aufzucht auch viel teurer kommt, als die des roten Ochsen, so darf er auch gut ⅓ mehr wiegen als dieser.

Übrigens sind diese Angaben auch dahin richtig zu stellen, daß in mittlerer Qualität in den Gewichten zwischen Vogtländern und Fleckvieh kein Unterschied besteht; denn um die Schwere der Knochen bei letzteren füttert sich eben der erstere leichter in Fleisch. Bei Prima-Qualität in der Entwickelung ist natürlich die Fleckviehkuh und der Fleckviehochse im Gewichte dem Vogtländer über, dessen Aufzucht aber doch auch weniger kostet als die einer Fleckviehkuh oder eines Fleckviehochsens.

Nicht unerwähnt wollen wir lassen, daß, wenn hochgezogene schwere Rassen in ärmere Gegenden verpflanzt werden, sie bald in ihren Nachkommen an Gewicht abnehmen. Auf der Rhön ist z. B. das rote Landvieh bis auf wenige Überreste verschwunden; doch zeichnet sich das neuere Rhönvieh in Bezug auf Größe, Formen und Leistungsfähigkeit durch nichts von dem verdrängten alten aus, nur die rote Farbe ist der bunten gewichen.

Es ließen sich die in diesem Abschnitte gebrachten Beispiele noch sehr vermehren, wir glauben aber auch mit diesen wenigen genügend gezeigt zu haben; daß der Viehzüchter, wenn er es für wirtschaftlich angezeigt hält, ein Rind zu halten, das größer und schwerer ist als die Exemplare des von ihm gehaltenen Landschlages, er mit geringen Ausnahmefällen dazu am leichtesten und billigsten sowie mit dem geringsten Risiko für den Zuchterfolg kommen kann, daß er an dem bewährten einheimischen Schlage festhält, ihm aber bessere Pflege und reichere Ernährung besonders im Jugendstadium zu teil werden läßt. Schon in 1—3 Generationen wird er den gewünschten Erfolg erzielt haben.

Wir hatten schon des öfteren Gelegenheit, auf die geringen Futtermassen aufmerksam zu machen, die dem kleinbäuerlichen Landwirte in der Regel zur Verfügung stehen. Infolgedessen ist Genügsamkeit eine notwendige Eigenschaft der meisten Landrindviehrassen.

Auf unseren deutschen Mittelgebirgen befinden sich noch zahlreiche, leider meist nur spärlichen Graswuchs hervorbringende Weideflächen, welche geradezu von keinem anderen Tiere so gut ausgenützt werden können, als von dem einheimischen Landrindvieh. Bekannt ist auch, was für außerordentlich geringe Ansprüche der Vogtländer Schlag an die Qualität des Futters stellt. „Wenn nur der Magen voll ist," dann ist er schon zufrieden. Die zu diesem Schlage gehörigen Individuen vermögen ein Futter zu verwerten und dabei noch bedeutende Leistungen aufzuweisen, das den Tieren der Fleckviehschläge kaum als Erhaltungsfutter genügen würde.

Sehr oft wird von den Züchtern des Landrindviehes der Fehler gemacht, daß sie im Verhältnis zur Futterproduktion zuviel Vieh halten. Infolgedessen werden die Weiden zu stark besetzt und das Winterfutter muß zu knapp bemessen werden. Das gereichte Heu stammt nicht selten von sauren Wiesen, und sind gute Wiesen wirklich vorherrschend, so führen die Besitzer unter Umständen durch die hohen Preise verlockt, einen guten Teil des Heues aus, was wiederum eine rationelle Ernährung stark beeinträchtigt und zur Verarmung der Grundstücke führt, da Kraftfutter und künstliche Düngemittel verhältnismäßig selten als Ersatz angekauft werden.*)

Auch in Bezug auf Haltung mußte Genügsamkeit noch immer eine Tugend des größeren Teiles der hier in Betracht kommenden Schläge sein. Man muß nur die engen, dunklen, dumpfigen, dunstigen, mit Vieh überstellten Ställe, wie sie in manchen Gegenden leider noch Regel sind, gesehen haben, und man führt den größeren Teil der dem Landvieh mit Recht nachgesagten Fehler schon allein auf diesen einen Umstand zurück. In dem von der deutschen Landwirtschaftsgesellschaft herausgegebenen großen Werke: „Das deutsche Rind" werden die Rindviehställe in fast allen Zuchtgebieten der Landrindviehschläge einer sehr abfälligen Beurteilung unterzogen. Als Beispiel lassen wir die Schilderung der Stallungen im Gebiet der Kehlheimer Blessen folgen:

„Die meisten Stallungen sind schlecht und deshalb der Gesundheit der Tiere wenig zuträglich; sie sind in der Regel aus Fachwerk und Lehm derartig hergestellt, daß es hauptsächlich an Luft und Licht mangelt; die wenigen vorhandenen Fenster und Öffnungen bleiben Sommer und Winter geschlossen, die Streu bleibt im Stalle liegen und saugt die Jauche auf; gewöhnlich fehlen Abflußkanäle und Rinnen.**)

Dadurch wird natürlich die Aufrechterhaltung der Reinlichkeit im Stalle und eine sorgsame Hautpflege sehr erschwert, trotzdem wir gerne

*) Vergl. Matthiessen, a. a. O. p. 57.
**) Siehe p. 574.

anerkennen, daß es die bäuerliche Bevölkerung selten an Arbeit fehlen läßt. Zugeben müssen wir auch, daß mit der Zeit eine stetige Verbesserung der Stallungen eintritt, da alle neueren Stallgebäude besser ausgestattet sind und den Anforderungen, welche man an eine gute Stallung stellen kann, mehr entsprechen.

Die große Akkommodationsfähigkeit der Landrindviehrassen, die Fähigkeit, unter den schwierigsten Haltungsverhältnissen zu gedeihen, sich aber auch für bessere Fütterung und Pflege dankbar zu erweisen, ist nur dadurch erklärlich, daß die hierher gehörigen Individuen mit wenig Ausnahmen im Besitz einer geradezu robusten Gesundheit sind.

Es giebt aber auch hier Leute, welche die Gesundheit wieder ganz besonders für die veredelten Rassen in Anspruch nehmen wollen. Sie deduzieren: Gerade das durch angemessene Ernährung und zusagende Haltung und Pflege im Vollbesitz seiner natürlichen Kräfte und Anlagen befindliche Edeltier müsse die höchstmögliche Widerstandsfähigkeit besitzen, und es sei völlig ausgeschlossen, daß es darin von Tieren primitiver Züchtungsart übertroffen werden könnte. Die erste und hauptsächlichste Bedingung jeder Zucht im allgemeinen, der Edelzucht aber noch in erhöhter Weise, sei die Gesundheit, da ja zur Erzeugung einer dauernd hohen Leistung ein gesunder lebensfähiger Organismus gehöre. Von diesem Wege habe sich die Edelzucht nicht oder doch nur vorübergehend entfernt, und sie stehe heute, was Gesundheit ihrer Individuen anbetrifft, hoch da. Es müsse geradezu in das Reich der Fabel verwiesen werden, daß die Widerstandsfähigkeit des Edeltieres durch seine Zucht-, Ernährungs- und Haltungsverhältnisse auch nur im geringsten gelitten haben könnte.*)

Wie sieht es aber in Wirklichkeit betreffs dieser Deduktionen in der Rindviehzucht aus? Die Gesundheit läßt gerade bei denjenigen Niederungsrassen, die wir zu den veredeltesten rechnen und die auf einseitige Leistungsfähigkeit gezüchtet sind, recht viel zu wünschen übrig, so daß man nicht mehr von Fehlern und Verirrungen einzelner Zuchten sprechen kann. „Höchste Milchproduktion", sagt ja schon Nathusius, „ist häufig mit pathologischen Erscheinungen verknüpft."**) Bekannt ist ja auch die Thatsache, daß unter den hochmastigen Shorthorns, wenn ihnen nicht während des größten Teiles des Jahres Aufenthalt auf reichster Weide gewährt werden kann, ein großer Prozentsatz der Individuen überhaupt nicht aufnehmen und die tragenden verwerfen. Dasselbe ist von den Simmenthalern, die sich im allgemeinen einer besseren Gesundheit erfreuen, zu sagen, sobald sie ausschließlich im Stalle gehalten werden.

Erschreckend hoch sind die Opfer, welche die Tuberkulose unter dem Niederungsvieh fordert. Beispiele zu nennen, dürfte hier kaum nötig

---

*) Vergl. „D. L. Pr.", Jahrg. 1898, № 100.
**) Vorträge I p. 110.

sein, da man sich von der Richtigkeit dieser Behauptung in jedem Schlachthause, wo solches Vieh geschlachtet wird, überzeugen kann, vorausgesetzt, daß eine dahingehende Statistik vorhanden ist.

Die Tuberkulosekrankheit scheint gerade bei unseren Landrindviehrassen zu den Seltenheiten zu gehören, wie namentlich auch die neuerdings immer mehr sich verbreitenden Tuberkulinimpfungen bewiesen haben. Beim schlesischen Rotvieh haben z. B. die von dem Bezirkstierarzt Dr. Arndt mehrfach bewirkten Untersuchungen der Herden auf Tuberkulose und die teilweise Impfung mit Tuberkulin ein so günstiges Resultat geliefert, daß der Gesundheitszustand der Tiere als „vortrefflich" bezeichnet werden konnte. Später wiederholte Impfungen zeigten das erfreuliche Resultat, daß überhaupt kein Tier mehr tuberkelverdächtig war.*)

Herr Oberamtmann Dreves-Büllinghausen in Waldeck schreibt mir: „Seit 1875 bin ich zur ausschließlichen Handelswirtschaft mit hiesigem Rindvieh übergegangen und zwar setzte ich früher pro Jahr 35 bis 45 Stück, seit vorigem Jahr 80—100 Stück um, alles an hiesige Schlächter, und es sind mir während der ganzen Zeit nur zwei Stück wegen Tuberkulose verworfen worden: № 1 war eine eingeführte Friesenkuh, die ich leider in den ersten Jahren wegen Mangel an Angebot einheimischer, frischmelkender Kühe kaufte, der Fall № 2 kam in diesem Jahre vor. Es handelte sich dabei um ein rotes Rind, über dessen Abstammung ich erst kürzlich feststellen konnte, daß es von einem Friesenbullen gezogen war. Also unter den Hunderten von Exemplaren des Waldeck'schen Viehes, die seit 1875 durch meine Hand gingen, nicht ein Exemplar mit Tuberkulose. Die Schlachthausverwaltungen hiesiger Gegend werden Ihnen dasselbe bestätigen können."

Als Antwort auf meine Anfragen an die verschiedensten Züchter der Landschläge und entsprechende Behörden wurde mir fast immer die Antwort, daß Tuberkulose sehr selten oder gar nicht, andere Krankheiten zumeist nicht mit derselben Heftigkeit wie bei den eingeführten Schlägen aufträten.

Wenn wir bedenken, wie gerade die Tuberkulosekrankheit mehr und mehr eine größere Gefahr für die deutsche Rindviehzucht wird, wie von Jahr zu Jahr laut Schlachthausstatistik die Zahl der damit befallenen Tiere zunimmt, so ist die Widerstandsfähigkeit des Landviehs als ein Vorteil anzusehen, dessen Bedeutung nicht unterschätzt werden sollte.

Fragen wir, wie diese Gesundheit und Widerstandsfähigkeit erworben wurde, so müssen wir daran erinnern, unter welchen ungünstigen Lebensbedingungen die Landrassen existiert haben und teilweise noch existieren müssen. Dies könnte auf dem ersten Blick scheinen, als hätte gerade der Umstand die Gesundheit der Tiere untergraben müssen. Das war jedoch nicht der Fall; die Bewegung in freier Luft auf der wenn auch kümmerlichen Weide, die starke Benutzung der weiblichen Tiere

*) „D. L. Pr.", Jahrgang 1899, p. 983 u. 1062.

zum Zuge arbeiteten dem entgegen. Die ungünstigen Ernährungs- und Haltungsverhältnisse bewirkten selbst eine strenge Zuchtwahl im Sinne der Entwickelungstheorie, bezw. machten eine solche von seiten der Züchter nötig. Jedes von Haus aus minder kräftige Kalb mußte von der Zucht ausgeschlossen werden, da es den ungünstigen Lebensbedingungen doch höchst wahrscheinlich zum Opfer gefallen wäre. Durch diese von der Not diktierte „spartanische“ Art der Zuchtauswahl mußte mit der Zeit ein gesunder, den klimatischen und wirtschaftlichen Verhältnissen angepaßter Viehschlag entstehen. Diese Entwickelung wurde noch dadurch begünstigt, daß die Züchter des Landhöhenviehes eine kombinierte Leistungsfähigkeit von ihrem Rindvieh verlangten und nicht einseitige Leistungen wie die Züchter des Niederungsviehes erstrebten.

In den Zuchtgebieten, wo unsere hochgezogenen Rassen entstanden, sind die Lebensbedingungen für das Rindvieh viel günstiger. Deshalb können auch sog. Schwächlinge mit aufgezogen werden, und diese holen bei besserer Pflege und Fütterung die normalen Tiere im Wachstum eventuell ein. Solche Tiere sollten nun überhaupt nicht aufgezogen werden, da sie durchschnittlich doch weniger widerstandsfähig sind als von Geburt an kräftigere Tiere. Die große Nachfrage nach Zuchtvieh, welche in diesen Gegenden vorhanden war und teilweise auch heute noch vorhanden ist, z. B. im Berner Oberland, bewirkte, daß jedes einigermaßen brauchbare Rind großgezogen, bezw. großgepäppelt wurde. Trifft man für die Nachzucht keine strenge Auswahl in dieser Beziehung, so muß die durchschnittliche Gesundheit und Widerstandsfähigkeit zu sinken beginnen. Erschwert wird die Berücksichtigung dieses Umstandes bei den unter günstigen Verhältnissen lebenden hochgezogenen Rassen dadurch, daß man sehr oft nicht eher merkt, daß Zuchttiere zu einer Krankheit disponiert waren, als bis sie, weil zur Zucht nicht mehr tauglich, dem Metzger überliefert werden. In neuerer Zeit hat man wenigstens bezüglich der Tuberkulose in der Impfung mit Tuberkulin ein ziemlich sicheres Erkennungszeichen gefunden.

Schon wiederholt haben wir Gelegenheit genommen, zu betonen, daß wir es bei den Landrindviehrassen mit Vieh von kombinierter Leistungsfähigkeit zu thun haben. „Es unterliegt keinem Zweifel,“ sagt Nathusius in seinen Vorträgen, „daß alle unsere Zuchtbestrebungen sich den wirtschaftlichen Verhältnissen des Landes, der Provinz, der Bezirke anpassen müssen, daß es etwas anderes ist, für große Wirtschaften zu züchten, welche einseitige Leistungen, aber dann in höchster Ausbildung verlangen, z. B. bezüglich der Milchleistung, und daß es wieder etwas anderes ist, verschiedene Leistungen gleichzeitig oder doch von ein und demselben Individuum nach einander zu verlangen, wie es für unsere bäuerliche Viehzucht unentbehrlich ist. In letzterem Falle wird es notwendig, die höchste Leistung nicht in einer Richtung zu verlangen, denn das ist unmöglich, es ist der Vorteil zu suchen in der

Summe mehrerer Leistungen. Es kann in solchem Falle jede einzelne Leistung für sich betrachtet relativ niedrig sein, trotzdem kann aber in der Summe ein höheres Facit herauskommen, als durch die einzelne Leistung in ihrer Vollendung."

Wenn wir das Kalkül auf die Summe der Nutzungseigenschaften stellen, so lassen unsere Landrassen wenig zu wünschen übrig; sie entsprechen unter halbwegs für ihr Gedeihen günstigen Umständen allen Anforderungen, welche man billigerweise an sie stellen kann, und es bedarf daher nicht der Einführung fremder Rassen, um höhere Leistungen zu erzielen. Im Bedarfsfalle lassen sich auch durch geeignete Auswahl und Zusammenstellung der passendsten Individuen ohne große Kosten einseitige Leistungen nach jeder Richtung hin erreichen, weshalb auch die größeren Besitzer im Zuchtgebiete einer Landrasse sich nicht der Haltung anderer Viehstämme zuwenden sollten, um die Zuchtreinheit und ihre großen Vorteile zu wahren.

Die Leistungsfähigkeit hängt ja, das ist nicht zu bestreiten, von der Zugehörigkeit zu einer Rasse nicht ab, sie gehört zu den individuellen Eigenschaften, und innerhalb einer Rasse giebt es bekanntermaßen sehr gute, aber auch sehr schlechte Futterverwerter. Eine gewisse Gleichmäßigkeit ist aber unter den Tieren eines Schlages durch Einfluß ähnlicher Natur- und Wirthschaftsverhältnisse doch geschaffen worden.

Je nach den wirtschaftlichen Bedürfnissen der einzelnen Landesteile hat man bei den verschiedenen Schlägen bald diese, bald jene Nutzung in den Vordergrund gestellt und möglichst herauszubilden gesucht, ohne jedoch die Vervollkommnung der anderen beiden ganz zurücktreten zu lassen, bezw. dahin zu streben, daß durch Bevorzugung einer Nutzungseigenschaft schließlich Vieh mit einseitiger Leistungsfähigkeit hervorgeht, was für eine bäuerliche Wirtschaft in den seltensten Fallen dienlich wäre.

Der bäuerliche Züchter braucht ein Tier, das bei nicht zu großen Futteransprüchen ihm die Milch für die Haushaltung liefert, das gut im Zuge ist, da es in dem meist unebenen Terrain fast alle vorkommenden landwirtschaftlichen Gespannarbeiten und oft auch noch Lohnfuhren verrichten muß, das fernerhin genügend mastfähig ist, um überschüssige oder zur Zucht unbrauchbare oder ausgemerzte Zucht- und Nutztiere gut an den Metzger verwerten zu können.

Die Anforderungen, welche an die Leistungsfähigkeit gestellt werden, sind also keineswegs gering.

In den Vordergrund des Interesses tritt bei einem großen Teil der Landschläge, z. B. bei den Waldeckern, Harzern, Vogelsbergern und Odenwäldern die Milchleistung.

Man ist gewöhnlich der Ansicht, daß unser mitteldeutsches Höhenvieh in der Milchergiebigkeit den Holländern, Ostfriesen und anderen verwandten Milchschlägen in diesem Punkte bei weitem nachstände. Dies mag für die Heimat der betreffenden Schläge richtig sein;

versetzt man sie in andere Gegenden mit anderem Futter, etwa in die Zuchtgebiete der Landrindviehrassen, so wird sich, wenn wir alle Faktoren, welche die Rentabilität der Milchwirtschaft beeinflussen, in Betracht ziehen, in nicht wenigen Fällen die Haltung von Milchtieren des einheimischen Schlages rechnerisch günstiger auch für Großwirtschaften gestalten. Dies ist zumal der Fall, wenn die Bezahlung der Milch nach Fettprozenten und nicht bloß nach der absoluten Menge erfolgt; denn im allgemeinen ist die Milch der Höhenschläge überhaupt, die des Landviehes im besonderen, fettreicher als die der Niederungsrinder.

Ein Beispiel, wie vorteilhaft sich die Haltung von Landkühen auch für Abmelkwirtschaften gestalten kann, verdanke ich dem schon mehrfach erwähnten Herrn Oberamtmann Dreves. Ich lasse hier die Mitteilungen desselben, welche er allerdings teilweise schon in der „Deutschen Landw. Presse"*) veröffentlicht, dann aber noch durch briefliche Angaben ergänzt hat, folgen:

„Bei uns sah man Ende der 60er Jahre in jedem Stalle eingeführtes Rassevieh: Holländer, Ostfriesen, Simmenthaler. — Die Gründung einer größeren Anzahl Genossenschaftsmolkereien ließ die größeren Landwirte erst recht an fremden Rassen, besonders Niederungsvieh, festhalten, indem dieselben annahmen, daß das rote Landvieh wenigstens bezüglich der Milchleistung nicht mit jenen Rassen konkurrieren könne. Aber die Kontobücher der Molkereien zeigten bald, daß auch nach dieser Richtung unser Landvieh mit fremden Rassen hier den Wettbewerb aufnehmen kann, und die Folge ist, daß ein größerer Landwirt nach dem anderen allmählich zu unserer Landrasse zurückkehrt, zumal in Anbetracht des billigeren Ankaufspreises sowie der robusten Gesundheit und Tuberkelfreiheit derselben. Heute ist man fast einstimmig in hiesiger Gegend der Ansicht, daß es für den waldeck'schen und den benachbarten hessischen Landwirt wirtschaftlich und rechnerisch für die verschiedenen Nutzungszwecke kein besseres Vieh giebt, als unser waldeck'sches Landvieh.

Bezüglich der Milchleistung unseres waldeck'schen Höhenrindes füge ich noch kurz die Resultate meines Stalles aus den letzten Jahren an. Seit 25 Jahren bin ich zur Haltung waldeck'schen Viehes übergegangen. Mein Bestand zählt durchschnittlich 37 Kühe und 1 Bullen. Der Ankauf findet aus der Umgegend statt, und zwar meist frischmelkende Kühe 8 Tage nach dem Abmelken. Alle Kühe, die gesund sind und im ersten Jahre ungefähr 3000 l Milch zu geben versprechen, werden solange zugelassen, bis sich das Ausmerzen als notwendig erweist. —

Die Tiere stehen das ganze Jahr auf dem Stalle und bekommen alles Rauhfutter und Stroh trocken und unzerschnitten vorgelegt. Nur

*) 1899, № 12.

von Mitte August ab wird etwas Grünmais zugefüttert, als Übergang zu den Rübenköpfen, welche bis Anfang Dezember vorhalten. Das Sommerfutter besteht aus einem Wurfe Hafer- oder Wintergerstenstroh und danach verabreichtem Kleeheu zum Sattfressen, ferner aus 2 ℔ Trockentreber, sowie aus 2—300 l Molken und Magermilch pro Tag. Im Herbst werden neben Kleeheu Rübenköpfe gefüttert, denen im Winter Trockenschnitzel, ca. 6 ℔ pro Stück, folgen. Das Beifutter im Winter besteht aus etwas Stroh und Grummet. Molkereiabfälle werden, wie vorhin gesagt, gegeben, dazu 4 ℔ Trockentreber und seit 2 Jahren noch 1 ℔ Palmkernmelasse. Die Mastkühe — stets nur 6 Stück — bekommen eine Zulage von Gersten-Bohnenschrot und deutschem Rapskuchen.

Die Milch wird an die Genossenschaftsmolkerei geliefert und nach Fettprozenten bezahlt. Im Stalle wird die Milch jeder Kuh an jedem 2. Dienstag gemessen. Der tägliche Durchschnittsertrag nach dem Milchregister belief sich — die trockenstehenden Kühe mit eingerechnet —

im	Jahre	1886	auf	10,4 l
"	"	1887	"	10,5 l
"	"	1888	"	11,2 l
"	"	1889	"	9,3 l
"	"	1890	"	10,6 l
"	"	1891	"	10,5 l
"	"	1892	"	9,9 l
"	"	1893	"	9,6 l
"	"	1894	"	10,6 l
"	"	1895	"	10,5 l
"	"	1896	"	9,9 l*)
"	"	1897	"	8,7 l*)
"	"	1898	"	10,0 l
"	"	1899	"	9,6 l
"	"	1900	"	10,3 l

Der Durchschnittsertrag beläuft sich hiernach auf rund 10 l pro Tag und Stück bei einem Fettgehalt von fast 3,5 % durchschnittlich. Durch sachgemäße Zuchtwahl und Aufzucht würde sich auch der Milchertrag erheblich steigern lassen. Das mögen Resultate der Kuh № 8 zeigen. Diese Kuh kaufte ich am 6. April 1892 frischmelkend mit dem 4. Kalbe im benachbarten Dorfe. Die Kuh gab in

den 9 Monaten des Jahres	1892	3402 l	Milch,
dann im Jahre	1893	4126 l	"
" "	1894	4410 l	"
" "	1895	5130 l	"

*) Im Sommer 1896 brach Maul- und Klauenseuche aus, und sämtliche Kühe mit einer Ausnahme seuchten bis Ende Februar 1897 durch.

im Jahre	1896	4102 l	Milch
„ „	1897	4499 l	„
„ „	1898	4641 l	„

Dabei gab die Kuh jedes Jahr in der Zeit von November bis Februar ein Kalb, das 8 Tage alt ca. 120 ℔ schwer wurde."

Als ein weiteres Beispiel einer außergewöhnlich guten Milchleistung teilte Herr Dreves noch die der Kuh „Kröhl" mit, die er hochtragend Anfang Februar 1887 ebenfalls im nahen Dorfe kaufte. Dieselbe kalbte am 19. Februar 1887. Trotzdem sie schon cirka 10 Jahre alt war, lieferte sie

in den	314	Tagen noch	4672,2 l,
1888 in	365	„	5146,0 l,
1889 „	365	„	4281,5 l,
1890 „	152	„	2056,5 l,
Sa. in	1197	Tagen	16131,2 l,

oder durchschnittlich pro Tag rund 13,5 l Milch. „Die Kuh bekam vom 2. November 1889 an Mastfutter und gab am Tage vor der Abnahme noch 11,5 l Milch. Der Schlächter, dem ich dieselbe schon einige Monate früher verkauft hatte, drängte auf Abnahme, sonst hätte die Kuh bei Mastfutter jedenfalls noch 4000 l pro Jahr geliefert. Sie ergab ein Schlachtgewicht von 532 ℔ und war kerngesund. Die Kuh wurde nur deshalb ausrangiert, weil sie nicht wieder brünstig geworden war."

Im übrigen gab immer ein ansehnlicher Bruchteil der im Besitz des Herrn Dreves befindlichen Kühe über 4000 l jährlich, sonst hätte sich auch die hohe Durchschnittsleistung nicht erzielen lassen.

„Unbemerkt will ich nicht lassen," fährt Herr Dreves in seinen Mitteilungen fort, „daß ein erheblicher Teil meiner hiesigen Kollegen — meist eingewanderte Hannoveraner und Braunschweiger — importierte oder hier gezüchtete Holländer und Ostfriesen halten. Fast ohne Ausnahme geben dieselben mehr Kraftfutter, als ich es thue, trotzdem aber war und ist, soweit ich aus den Abschlüssen der Molkerei ersehen konnte, nicht einer darunter, der eine gleichhohe Literzahl pro Kuh lieferte, als ich in den letzten 15 Jahren mit unserem Waldeckschen Vieh geliefert habe. Dabei ist der Fettgehalt der einheimischen Tiere erheblich höher als der, welchen die vom Niederungsvieh produzierte besitzt.

Meine Waldecker Kühe kosteten mich — allerdings meist mager und aus Bauernställen — mindestens 100 ℳ per Stück weniger als die meiner ausländischen Rassekühe. Beim Verkauf, wenn abgemolken, habe ich von ersteren 30—50 ℳ Nutzen, letztere muß ich mit 80 bis 100 ℳ Verlust abgeben. Was macht das für einen Unterschied im Laufe eines Jahres und in 25 Jahren!"

Recht günstig lauten auch die Berichte über die Leistungen des Harzviehs.

Herr Dr. Matthießen-Tettenborn hat die Milch der Stammherden auf der Pixhayer Mühle, Wiethfeld, Oderbrück und Molkenhaus untersucht. Über die Fütterung der Herden teilt derselbe mit:

„Kraftfutter erhalten die Herden der Pixhayer Mühle und Oderbrück beide in wechselnder Beschaffenheit, bald nur Kleie, bald vermengt mit Hafer- und Gerstenschrot, auch die Quantität ist wechselnd und richtet sich nach der Beschaffenheit des gewonnenen Heues. Die Herden in Molkenhaus und Wiethfeld dagegen erhalten kein Kraftfutter, erstere nur zum Winter in verschwindend geringer Menge je nach Beschaffenheit des Heues und des individuellen Zustandes der Tiere.

Die angeführten Milchzahlen verstehen sich sämtlich exkl. der Milch, welche das Kalb in 2—4 wöchentlicher Saugezeit verbraucht. Leider ist die Zeit nicht angegeben, wie lange das Kalb saugt.“*)

Unter Berücksichtigung nur solcher Kühe, die mindestens vier Laktationsperioden zu verzeichnen haben, stellten sich der Ertrag:

	Anzahl der Kühe	Sa. Tage	Laktationsperiode	Milchquantum während dieser Zeit	pro Tag
Pixhayer Mühle	14	85 043	30 796	262 632 l	7,78 l,
Oderbrück	7	16 983	14 310	135 322 l	7,97 l,
Wiethfeld	11	22 518	17 624	141 536 l	6,29 l,
Molkenhaus	6	9 336	nicht zu ermitteln gewesen.	61 460 l	6,37 l,

In der Pirhayer Mühle befanden sich nach diesem Autor 4, in der Oderbrücker Herde 5 Kühe mit Erträgen, welche die Höhe von 4000 l übersteigen. Der durchschnittliche Fettgehalt betrug nach den Untersuchungen Matthießens 3,8635 %, die Trockensubstanz 12,669 %.

Herr Kreistierarzt Dr. Appenrodt giebt den durchschnittlichen Milchertrag einer guten Harzkuh auf 6—7 l pro Tag an; ferner rechnete man nur 9 l zu 1 ℔ Butter, während man von Holländern und Ostfriesen 12 l und mehr brauchte, um 1 ℔ Butter zu bekommen.**)

Nach den Erfahrungen, die Herr Dr. Matthießen in seiner eigenen Wirtschaft gemacht hat, und welche er die Güte hatte, mir mitzuteilen, schätzt er den durchschnittlichen Milchertrag einer guten Kuh auf 3000 kg pro Jahr bei einem Fettgehalt von 3,7—3,9 %, und die Produktionskosten pro kg betrugen ca. 11 ₰ in diesem Falle.

Der Durchschnittspreis einer guten Harzkuh beträgt ungefähr 270 ℳ; natürlich müssen erheblich höhere Preise — bis zu 400 und 450 ℳ — für hervorragend leistungsfähige Tiere von gutem Exterieur gezahlt werden. Eine solche Kuh gab z. B. im 1. Jahre 4400 kg,

*) Versuch wie Monographie d. Harzrindes, 1894, p. 47 ff.
**) Briefl. Mitteilung.

im 2. Jahre 4800 kg Milch, und als sie, weil zu angefleischt, nicht mehr aufnahm, hatte sie das weiter oben schon erwähnte Lebendgewicht von 16 Ctr.

Die Holländer-, Ostpreußen- oder Friesenkühe sind zwar circa 1—1½ Ctr. schwerer, kosten aber auch mehr, ungefähr 330—360 ℳ. Sie geben zwar viel Milch; doch kommt Berichterstatter in Fett-, resp. Butterausbeute mit einigermaßen guten Harzkühen ebensoweit. „Eine wirklich gute Harzkuh, die man leider suchen muß, liefert aber bedeutend mehr.“ *)

Zu dem guten Milchvieh hat man nach Leithiger**) auch das Vogelsberger zu rechnen. Derselbe schreibt: „In den Kreisen unserer Viehhalter gilt ein jährlicher Milchertrag, der das fünffache des Körpergewichtes der Kuh ausmacht, als ein mittlerer. — Prüfen wir die Vogelsberger Kuh hierauf, so ergiebt sich, daß dieselbe im allgemeinen diese Forderung übertrifft.“

Wie hoch sich der Milchertrag im Durchschnitt etwa stellt, dürfte sich am besten aus den Aufzeichnungen der Zuchthöfe ergeben. Der Liebenswürdigkeit des Verfassers der citierten Schrift verdanke ich die Übermittelung einer Liste über die durchgeführten Probemelken bei Vogelsberger prämiierten Kühen auf den Zuchthöfen Eschenrod, Zwiefalten und Bingmühle, welche ich umstehend folgen lassen will. Leider ist dabei nicht angegeben, wie lange die Kühe trocken gestanden haben, sodaß sich der Jahresertrag einer Kuh an Milch nicht daraus berechnen läßt. Hervorgehoben zu werden verdient aber der hohe Fettgehalt der Milch. Des weiteren ist, da es sich ja um Leistungen prämiierter Tiere handelt — der größte Prozentsatz hat auf den Ausstellungen der „Deutschen Landwirtschafts-Gesellschaft“ Preise erhalten — damit der Beweis geliefert, daß man hier nicht einseitig auf das Exterieur züchtet.

*) Briefl. Mitteilung des Herrn Dr. Matthießen.

**) Das Vogelsberger Rind ꝛc., p. 25 ff.

Liste

über die durchgeführten Probemelken bei Vogelsberger prämiierten Kühen auf den Zuchthöfen Eschenrod, Zwiefalten und Bingmühle.

Lfde. Nr.	Name der Kuh	Herdbuch-Nr.	Wohnort Zuchthof	Zahl d. Tage d. Probemelkens	Berechnete Milchmenge in Liter pro Laktationsperiode	Berechnete Milchmenge in Liter pro Melktag	Berechneter Fettgehalt der Milch %
1.	Bommer	837	Eschenrod	301	2383,92	7,96	3,87
2.	Christel	1662	"	412	2558,4	6,21	4,50
3.	Braune	838	"	365	2883,5	7,9	4,10
4.	Anna	839	"	270	2106,0	7,8	4,50
5.	Braune I	834	"	365	2354,25	6,45	3,87
6.	Bommer	1663	"	301	2739,1	9,1	3,46
7.	Anna I	1664	"	273	2110,29	7,73	3,36
8.	Schnepfe	1100	"	293	1875,2	6,4	3,92
9.	Sara	4	Bingmühle	238	2527,56	10,62	3,83
10.	—	—	"	244	2591,28	10,62	3,80
11.	Bertha	14	"	309	1782,93	5,77	4,30
12.	Fanny	856	Zwiefalten	247	2239,20	9,07	3,86
13.	Fanny I	848	"	301	2401,98	7,98	4,10
14.	Tulpe	854	"	286	2316,6	8,1	4,27
15.	Hertha	1077	"	263	2135,56	8,12	4,30
16.	Isolde	850	"	325	2184,0	6,72	3,95
17.	Jennette	96	"	375	2407,50	6,42	4,40
18.	Hertha	852	"	254	1955,8	7,7	3,97
19.	Elsa	853	"	277	2077,5	7,5	3,80
20.	Fanny	856	"	288	2407,68	8,43	4,70
21.	Gretchen	855	"	355	3053,00	8,6	4,00
22.	Isolde	850	"	360	2865,60	7,96	3,80
23.	Irma	861	"	283	2264,00	8,00	3,97
24.	Lene I	1614	"	324	2235,60	6,90	4,08
25.	Gisella	90	"	264	1848,00	7,00	3,60
26.	Tulpe	854	"	297	2848,23	9,59	3,62
27.	Fanny I	848	"	311	2481,78	7,98	3,87

Nach Leithiger*) besteht in der Winterfütterungsperiode das Futter pro Kopf und Tag auf dem Zuchtviehhof Zwiefalten aus:

15 ℔ Heu oder Grummet,
6 „ Stroh und Spreu,
25 „ Runkeln,
2 „ Getreideschrot,
2 „ Palmkernkuchen.

Im Sommer tritt Grünfütterung, der Hauptsache nach mit Klee und Gras, und ca. ¹/₄ Jahr Weidegang ein.

Auf dem Zuchthofe Bingmühle wird den Kühen pro Kopf und Tag gereicht:

10—12 ℔ Heu und Grummet,
10—12 „ Stroh,
15—20 „ Runkelrüben,
2 „ Erdnußkuchen,
2 „ Kleie.

Im Sommer wird Grünfütterung mit Klee eingehalten, solange dieser reicht. Regelmäßiger Weidegang findet hier nicht statt.

Über die Fütterung auf dem Zuchthofe Eschenrod besitze ich keine Angaben.

Auf dem Zuchthofe Zwiefalten werden neben den eigentlichen Stammtieren noch ca. 30 andere Kühe des Vogelsberger Schlages gehalten. Das Melkergebnis beträgt bei etwa 35 Kühen 220 l täglich mit einem Fettgehalt von 4,1 %, für's Jahr pro Stück ca. 2300 l, wobei aber auch kleinere und Erstlingskühe mit inbegriffen sind.

„Eine Leistung von durchschnittlich 2300—2400 l Milch pro Jahr mit einem Fettgehalt von über 4 % ist für eine Kuh von 900 ℔ eine Durchschnittsleistung, die kaum von den besten Milchviehrassen übertroffen wird.**)

In dem Bericht über die Thätigkeit des landw. Provinzialvereins für Oberhessen für das Geschäftsjahr 1900/1901 wird eine genaue Kontrolle der Fütterung angekündigt, um einen Vergleich des Aufwandes mit der Leistungsfähigkeit zu ermöglichen.

Von Herrn Gutsbesitzer Walther XVI. - Lengfeld, Vicepräsidenten des landw. Vereins für Starkenburg, sind mir die Hauptlisten über die Probemelken der Zuchthöfe für Odenwälder Vieh in Unter-Mossau und Langen-Brombach übersandt worden, deren Ergebnisse sich umstehend finden, soweit sich ein Jahresertrag berechnen läßt.

Scheiden wir die Kuh „Elsa" aus, deren Milchertrag durch das Verkalben sicher ungünstig beeinflußt worden ist, so erhalten wir als Durchschnittsertrag auf dem Zuchthof Unter-Mossau pro Kopf und

*) a. a. O. p. 26.
**) Leithiger, a. a. O p. 28.

Jahr 3093,15 kg und pro Tag 8,47 kg bei einem durchschnittlichen Fettgehalt der Milch von 4,47 %. Die Milchmessungen auf dem Zuchthofe Langen-Brombach, so vielversprechend sie sind, wurden erst vor kurzer Zeit begonnen, weshalb wir keine Bemerkungen daran anknüpfen wollen.

Jedenfalls sind das außerordentlich hohe Milcherträge, und dabei ist die Milch von vorzüglichster Qualität. Der Fettgehalt derselben wird wohl kaum von der Milch eines anderen deutschen Schlages erreicht, viel weniger noch übertroffen. Bei einigen Kühen kommt er geradezu dem gleich, welchen die Milch der sog. „Butterkühe" der Kanalinseln besitzt.

Diese Angaben haben um so höheren Wert, weil die Zuchthöfe erst jüngsten Datums sind und durch Ankauf besserer Tiere aus den verschiedensten Zuchten des Landes zusammengestellt wurden. Mitteilungen über das Lebendgewicht der Kühe der Zuchthöfe konnte ich leider nicht erhalten. Nach Lydtin*) werden erwachsene weibliche Tiere des Odenwälder Schlages 350—400 kg schwer und geben an 1500—1900 kg fettreicher Milch im Jahre. Es läßt sich annehmen, daß die Kühe der Odenwälder Zuchthöfe analog der oberhessischen Zuchthöfe ein etwas höheres Gewicht als der Durchschnitt ihrer Stammverwandten hat.

Diesen leistungsfähigen Schlag hätte man nun bald aussterben lassen. Zu erwarten steht aber glücklicher Weise, daß mit Hilfe der Zuchthöfe in absehbarer Zeit die Odenwälder Bauern wieder in Besitz eines leistungsfähigen, ihren wirtschaftlichen Verhältnissen angepaßten Viehschlages kommen werden.

*) Das deutsche Rind p. 530.

Hauptliste

über die Probemelken der Zuchtviehhöfe für Odenwälder Rindvieh.

a) in Unter-Mossau.

Laufende Nr.	Name der Kuh	Anzahl der Melktage	Anzahl der Probemelktage	Milcherträge der Probemelktage	Durchschnitt eines Probemelktages	Berechneter Milchertrag pro Jahr	Durchschnitt eines Kalendertages	Durchschnittlicher Fettgehalt	Bemerkungen
				kg	kg	kg	kg	%	
1.	Elsa	318	21	127,3	6	1908	5,2	4,8	Verkalbte im Nov. 1900 u. wurd. erst am 24. Apr. 1901 wieder trächtig.
2.	Thekla	347	23	265,14	11,5	3990,5	10,5	3,93	
3.	Selma	342	22	214	9,7	3317,4	9	4,71	
4.	Julie	360	22	200,6	9,1	3276,0	9	5,4	
5.	Therese	365	24	273,5	11,4	4161,0	11,4	3,7	Nicht trocken gestanden.
6.	Veronica	365	24	157,9	6,5	2372,5	6,5	5,22	Nicht trocken gestanden.
7.	Olla	365	24	226,4	9,4	3431,0	9,4	3,83	Dieselbe hat bei Impfung reagiert u. wurde am 17. Dezbr. 1901 verkauft.
8.	Diana	343	22	134,8	5,5	2126,6	5,5	4,74	
9.	Rebekka	293	16	176,6	8,4	3076,5	8,4	4,01	Jungkuh.
10.	Lies	310	19	150,2	6,8	2480,0	6,8	4,83	
11.	Pauline	300	16	145,2	7,4	2700,0	7,4	4,36	Wurde mit Kalb gekauft. Dieselbe soll am 7. März gekalbt haben.
	b) in Langen-Brombach.								
12.	Lotte	300	9	138,6	15,4	4620	12,6	3,93	
13.	Lina	300	13	139,7	10,2	3060	8,3	3,94	
14.	Gretha	300	9	79,0	8,7	2610	7,1	4,90	
15.	Alma	300	16	84,3	8,4	2520	6,9	4,54	
16.	Emma	300	13	152,9	11,7	3510	9,5	4,84	
17.	Lisette	300	13	179,8	13,8	4140	11,5	3,77	

Weniger milchergiebig ist im allgemeinen das Vieh der roten und gelben Landrassen des Hauptlandes von Bayern — auf den Glan-Donnersberger Schlag kommen wir noch zurück —. Dies erklärt sich sehr natürlich daraus, daß man bisher meist eine schlechte Verwertung der Milch in den hier in Betracht kommenden Bezirken gehabt hat. Eigentliche Milchwirtschaften befinden sich nur in der Nähe der größeren Städte und in einem guten Teil der bäuerlichen Wirtschaften wird noch jetzt nur Schmalzbutter zum Verkauf gewonnen. Die Molkereigenossenschaften sind zumal in Franken und der Oberpfalz sehr dünn gesät.*) Zugochsen waren und sind von jeher ein gut bezahlter, sehr gesuchter Handelsartikel in diesen Gegenden gewesen, und ihre Aufzucht eignet sich ganz besonders für den so stark vertretenen Kleingrundbesitz. Was lag näher, als daß der Landwirt bei der Züchtung seines Rindviehes die Milchergiebigkeit den anderen Nutzungseigenschaften etwas nachsetzte.

Feser, der genaue Kenner der bayerischen Viehzuchtsverhältnisse, äußert sich in dieser Beziehung: „Ein Vorwurf, welcher allen unseren Landschlägen gemacht wird, ist, daß sie nicht milchergiebig genug seien. Auch dieser angebliche Mangel trifft entweder nicht zu, oder er ist die Folge von Umständen, bei welchen keine Rasse der Welt mehr als unser Landvieh leisten würde. Wo die Ochsenzucht die Hauptrente aus der Viehzucht seit jeher lieferte, hat man der Milchnutzung weniger Aufmerksamkeit zugewendet, als in Gegenden mit hochentwickeltem Molkereiwesen. Wäre hier zu Lande die Milchwirtschaft mehr im Schwunge, so glaube ich, würde sich auch das Landvieh recht gut brauchen lassen. Ich glaube dies deshalb behaupten zu dürfen, weil überall da, wo man bereits auf höhere Milchergiebigkeit Wert legt, solche auch bereits mit den Landschlagtieren erreicht worden ist. Kühe, welche neumelkend 18 l täglich geben, finden sich nicht selten, und bei guter Fütterung hat man schon jetzt Jahreserträge bis 2600 l, dazu gleich eine sehr fette, gehaltreiche Milch.**)

Wir können schon aus diesem Citat ersehen, daß die Milchergiebigkeit der Landkühe in Bayern eine sehr wechselnde ist. Es hat dies besonders seinen Grund in der verschiedenen Fütterung der Kühe, in der individuellen Auswahl bei der Zusammensetzung der Herden und auch darin, ob die Tiere zur Arbeit Verwendung finden oder nicht. Jedenfalls hält es schwer, einigermaßen zu verallgemeinernde Zahlen bezüglich der Milchergiebigkeit zu bringen, und diese Milchergiebigkeit wird noch dadurch vergrößert, daß man wegen der geringen Bedeutung der Milchwirtschaft außerordentlich wenig Milchmessungen und Milchfettbestim-

*) In Südbayern sind die milchwirtschaftl. Verhältnisse natürlich besser, im Allgäu, das aber für unsere Erörterungen nicht in Betracht kommt, bekanntermaßen ausgezeichnet.

**) Die für die oberpfälzischen Rinderschläge geeignetste Zuchtmethode, p. 27.

mungen vorgenommen hat. Aus dem wenigen, was vorliegt, läßt sich aber ersehen, daß die hier einzig und allein als Konkurrenten des roten und gelben Landviehes auftretenden Fleckviehschläge Schweizer Abstammung in dieser Richtung sicher keinen Vorzug besitzen.

Der durchschnittliche Milchertrag einer Vogtländer Kuh zu Anfang der I. Laktationsperiode beträgt 6—17 l täglich, in der II. 9—17 täglich, und in den folgenden Laktationsperioden sind die Ergebnisse ähnlich wie in der zweiten.*)

Es wäre nun sehr verlockend, nach den Angaben, die sich in der Litteratur finden, eine Zusammenstellung der Milcherträgnisse der in Bayern gehaltenen Schläge zu geben. Bekanntlich differiert aber die Milchergiebigkeit der Höhenrinder unter sich, auch wenn sie ein- und demselben Schlage angehören, sehr beträchtlich. Die veröffentlichten Milchregister beziehen sich fast ohne Ausnahme auf bessere Zuchten, in welchen man nebenbei noch reichlicher und besser als in den kleinbäuerlichen Ställen füttert. Die Angaben der Autoren über die Milchergiebigkeit der einzelnen Schläge sind oft ganz beträchtlich verschieden. Sie können uns infolgedessen kein richtiges Bild von der Leistungsfähigkeit des Schlages geben und haben nur sehr relativen Wert. Umfassendere Erhebungen über die Zuchten in kleinbäuerlichen Verhältnissen liegen nicht vor, und doch überwiegt der Viehstand derselben so, daß dagegen der Rindviehstapel der größeren Besitzungen verschwindend gering ist. Soviel ist aber sicher, daß das bayrische Fleckvieh hinsichtlich der Milchergiebigkeit, wenn wir den Milchertrag auf 100 kg Lebendgewicht berechnen, keinen Vorzug vor einem Landschlag besitzt, daß es im Gegenteil einigen derselben, z. B. den Ellingern, Murnau-Werdenfelsern und Pinzgauern hierin, nachsteht.

Nicht unerwähnt wollen wir lassen, daß eine Kuh des echten Frankenschlages 7430 l Milch pro Jahr gegeben, also die besten Milchnerinnen der Tieflandsschläge erreicht hat.**) In den Milchwirtschaften Bayerns wird nicht selten mit Landkühen ein Durchschnitt von 10 l pro Tag und Stück erzielt.

Von dem Glan-Donnersberger Vieh der Pfalz sagt Frank,***), daß der Milchertrag dieser heimischen Stämme unter unseren Verhältnissen von keiner fremden Gebirgsrasse erreicht oder doch übertroffen wird.“ Nach diesem Autor beziffert sich der mittlere Milchertrag einer guten Glankuh bei gewöhnlicher Fütterung auf 16,5 l täglich in der ersten Zeit nach dem Kalben und auf 2000—2600 l für die ganze Melkzeit. Durch Zulage von Kraftfutter läßt sich der Ertrag sehr

*) Nach schriftl. Mitteilungen d. Herrn Landesinspekt. f. Tierzucht, Dr. Vogel.

**) Benno Martiny, a. a. O. p. 691.

***) Der Glan-Donnersberger Viehschl. i. s. Heimat, p. 41.

wohl um $^{1}/_{3}$—$^{1}/_{2}$ vermehren, und es giebt Glankühe genug, die bei Kraftfütterung 18—22 l im Tage und 2800—3200 l im Jahre erzeugen.

Der mittlere Milchertrag einer frischmelkenden guten Donnersberger Kuh beläuft sich pro Tag auf 18—25 l, für das Melkjahr auf 2500—4000 l — kräftige Stallfütterung vorausgesetzt.

Wie sich der Milchertrag guter Donnersberger Kühe bei intensiver Fütterung gestaltet, geht aus den Zahlen hervor, welche aus dem Melkregister des Gutsbesitzers Frank in Fürfeld stammen. Hiernach war der mittlere Milchertrag bei einer täglichen Kraftfuttergabe von 10 ℔ rund 4000 l in der Zwischenkalbezeit. Der geringste Ertrag war 2160, der höchste 5475 l.

Die Berichte Werner's und Steitz's bestätigen diese Angaben. Ersterer hatte in der Gutswirtschaft zu Poppelsdorf folgende Erträge:

	Lebendgewicht 8 Tage nach d. Kalben	Zeitraum	Zahl der Melktage	Milchmenge	Milchmenge pro Jahr
Maria	473 kg	1883/86	920	9721 l	3240 l
Bertha	494 "	1883/87	1136	10880 "	2722 "
Röschen	463 "	1883/85	456	4869 "	2435 "
Mimi	475 "	1881/83	635	4976 "	2488 "
Lieschen	466 "	1879/83	1358	15836 "	3167 "

Durchschnittlich entfielen hier in 15 Jahren 300 Melktage pro Jahr und Kuh und pro Melktag 10,3 l Milch; pro Tag im Kalenderjahr 8,5 l und durchschnittlich pro Jahr und Kuh 3086 l Milch. Mithin beträgt bei dem durchschnittlichen Lebendgewichte von 475 kg die erzeugte Milchmenge das 6,5 fache des Körpergewichts.*)

Herr Phil. Steitz sen. hatte auf dem Schmalfelder Hofe folgende schöne Erträge:

	Lebendgewicht	Melktage	Milchertrag
Kuh 2½ Jahr alt	475 kg	336	2373 l
" 6 " "	500 "	336	3413 "
" 3½ " "	550 "	350	3312 "
Durchschnitt	508 kg,	341 Melktg.	3033 l.

Es entfielen also auf den Melktag 8,9 l, auf einen Tag im Kalenderjahr 8,3 l, und es wurde durchschnittlich pro Jahr das Sechsfache des Lebendgewichtes an Milch erzielt. Dabei war die Fütterung nicht einmal besonders gut und reichlich.**)

Der Fettgehalt der Milch des Glan-Donnersberger Viehes wird mit 3,5—5 % angegeben.

---

*) Werner, Rindviehzucht, Berlin 1892, p. 829.

**) Landw. Blätter d. landw. Vereine d. Pfalz 1887, Nr. 7.

Beim schlesischen Rotviehschlage berechnet sich die durchschnittliche Milchleistung erwachsener 550 kg schwerer Kühe nach den Angaben im „Deutschen Rinde"*) auf 2266 kg, es entfallen also auf 100 kg Lebendgewicht 402 kg Milch im Jahre. In den Stammzuchten ist aber nicht nur durchschnittlich das Lebendgewicht um 50 kg höher, sondern der Milchertrag steigt in den besseren Zuchten auch auf das $4^1/_2$ fache des Lebendgewichtes.

Herr Rittergutspächter Meißner-Kalthaus, der eine solche Stammherde besitzt, giebt den Milchertrag seiner Rotviehherde pro Stück und Jahr auf 2500 l an, steigend bei besonders leistungsfähigen Tieren bis zu 4000 l und darüber. Die Leistungsfähigkeit nimmt ungefähr bis zur 7. Laktationsperiode zu und von da an wieder ab, der Fettgehalt der Milch beträgt 3,5—4 % und sinkt nie unter 3 %. Dabei haben die Jungkühe ein Gewicht von ca. 9 Ctr., steigend bei älteren Tieren bis 12 Ctr.

Als Futter wird im Sommer Klee unter Zugabe von 1 kg Weizenschalen pro Stück und Tag gereicht; im Winter giebt man Futterrüben, eingesäuerte Rübenschnitzel und ebensolches Kraut neben entsprechenden Mengen Spreu, Kaff, Futterstroh (hauptsächlich Gerstenstroh) und wenig oder gar kein Heu. An Kraftfutter erhalten die Tiere in dieser Periode noch 1—8 ℔, und zwar getrocknete Trebern, Rapskuchen, Leinkuchen und Weizenschalen.

Die Bauern des Dorfes verwenden ihre weiblichen Tiere fast ausnahmslos zum Zuge. Bei anstrengender Arbeit läßt die Milchergiebigkeit um $^1/_3$ nach, steigt aber bei Stallruhe allmählich wieder zur vorigen Höhe.**)

Bei der großen Zahl der Landschläge ist es uns natürlich nicht möglich, für alle hierher gehörigen Viehstämme Zahlen über die Milchleistung derselben zu bringen. Wir müssen uns deshalb mit den vorstehenden Beispielen von den Hauptrepräsentanten dieser Schläge genügen lassen.

Hinsichtlich der Milchergiebigkeit müssen wir also dem Niederungsvieh Hollands und der norddeutschen Küstenlandstriche darin einen Vorzug zugestehen, daß sie durchschnittlich eine größere Menge Milch liefern, als dies die Mehrzahl der Individuen der Landschläge zu thun vermögen. Auf der anderen Seite können wir jedoch auch sagen, daß wir eine stattliche Anzahl von Landschlägen besitzen, die zwar auf kombinierte Leistung gezüchtet, aber doch in erster Linie Milch- und dann erst Arbeits- und Fleischtiere sind. Die Milch, die diese Landschläge liefern, ist bedeutend fettreicher als die der Niederungsrassen, und außerdem sind die Quanten relativ groß. Reicht eventuell die

*) p. 331.
**) Nach schriftl. Mitteilungen des Herrn Meißner.

Menge nicht ganz an die von eingeführtem Niederungsvieh produzierte heran, so wird dieser Vorteil bei der Buttergewinnung und überhaupt da, wo die Milch nach Fettprozenten bezahlt wird, fast immer eliminiert. Dasselbe ist auch dort der Fall, wo die Milch zwar frisch zum Konsum verkauft, aber die mit höherem Fettgehalte besser bezahlt wird. Das Rechenexempel, ob es vorteilhafter ist, fettreiche oder fettarme Milch zu produzieren, muß sich aber jeder Landwirt selbst machen. Es spielen hier zu verschiedene Faktoren in jedem einzelnen Falle mit, als daß sich allgemein giltige Regeln so ohne weiteres dafür aufstellen ließen.

Dem Höhenfleckvieh können wir aber hinsichtlich der Milchergiebigkeit keinen Vorzug zugestehen. Einmal ist dasselbe selbst auf kombinierte Leistung gezüchtet, zum andern tritt bei unserem modernen Simmenthaler Vieh die Befähigung, als Masttiere zu dienen, viel zu sehr in den Vordergrund, als daß darunter nicht die Milchergiebigkeit leiden müßte. Auch die Schnellwüchsigkeit des Fleckviehes ist, wie wir schon ausführten, förderlicher für die Mast- als für die Milch- und Zugnutzung. Der große Körper des Simmenthaler Rindes wird zwar immer als ein Faktor hingestellt, der die leichte Ernährbarkeit dieses Viehes bedinge, da derselbe wegen seiner größeren Dimensionen weniger Oberfläche zur Wärmeabgabe besitze, als zwei andere Tiere, die zusammen so schwer wie ein Simmenthaler sind. Das ist aber in diesem Falle kein Vorteil. Die Milchsekretion erfordert als Produkt der Lebensthätigkeit einen starken Stoffwechsel, und dieser geht naturgemäß in einem kleineren Tierkörper schneller vor sich als in einem großen. Deshalb sehen wir auch, daß die Individuen von zwei der besten Milchviehrassen, die Angeler- und Jersey-Kühe, nur verhältnismäßig niedrige Gewichte erreichen.

Futterwertung und Milchergiebigkeit sind im übrigen von so vielen Momenten abhängig, daß das Körpergewicht nur einen verhältnismäßig geringen Einfluß hierauf besitzen kann, zum mindesten aber nicht die eminente Bedeutung hat, wie man gewöhnlich glaubt annehmen zu müssen.

In Bezug auf Fleischleistung müssen wir nach dem Vorhergegangenen dem Simmenthaler Rinde, unserem modernen Mastschlag des Höhenlandes, einen Vorzug vor fast allen einfarbigen Landschlägen insofern zugestehen, als dasselbe besser als alle mit ihm konkurrierenden Tiere anderer Schläge die Fähigkeit besitzt, schon von früher Jugend an große Mengen konzentriertes Futter aufzunehmen und nutzbar zu verwerten. Es eignen sich deshalb die Fleckviehschläge für Wirtschaften, in denen es nicht an solchen Futtermitteln mangelt oder doch Betriebskapital genügend vorhanden ist, um dieselben anschaffen zu können, also besonders zur Mastung für Großwirtschaften mit technischen Nebengewerben wie Brauereien und Brennereien. Was aber für den Großgrundbesitzer, der über große Hilfsmittel verfügt, richtig ist, das ist es nicht immer für den Kleingrundbesitz mit seinen geringen Mitteln.

Unter unseren Landschlägen finden wir aber doch eine ziemliche Anzahl, die den Simmenthalern so ziemlich ebenbürtig sind in der Schnellwüchsigkeit und in dem Vermögen, viel und konzentriertes Mastfutter aufnehmen und durch entsprechende Gewichtszunahme bezahlt zu machen, z. B. die Franken, Scheinfelder, Pinzgauer. Nicht zu alte Tiere des Landviehes mästen sich ganz gut an, auch wenn sie nicht gerade gutes Mastfutter erhalten, man muß ihnen nur Stallruhe gewähren. Jüngere Ochsen des Vogtländer Schlages mästen sich noch besser als Fleckviehochsen; in höherem Alter ist allerdings der bunte Ochse besser fett zu machen als der rote.*)

Das Fleisch der Simmenthaler, Holländer, Ostfriesen und besonders des Braunviehes steht dem der Landschläge entschieden nach. Das Übermaß von Kraftfutter und die kräftigen Weiden haben z. B. schon seit Jahrzehnten die Simmenthaler künstlich getrieben und bewirkt, daß das Fleisch grobfaserig, das Knochengerüst schwer wurde im Vergleich zum Körpergewichte. Diese beiden Fehler behält das Fleckvieh übrigens auch dann noch, wenn es sich wegen knappen oder nährstoffarmen Futters nur langsam entwickeln kann. Das Fleisch der Simmenthaler wird aber immer noch, wenigstens von den süd- und mitteldeutschen Konsumenten, dem vorgezogen, das die Tiere der Niederungsschläge und von dem Höhenvieh die Braunviehschläge geben.

Dagegen besitzen die Landschläge ein wohlschmeckendes Fleisch, das beim Publikum sich von jeher einer großen Beliebtheit erfreut hat. Das Fleisch des Vogtländer Viehes gilt als das feinste nicht nur der bayrischen Rinder, sondern dem jeden Höhenviehes gegenüber. Es ist zart in der Faser, mit schwachen Fettschichten schön durchwachsen, schmackhaft, brät sich leicht und pfündet sich, weil im Knochen feiner, gut aus. Der Prozentsatz des Lebend- vom Schlachtgewichte ist selbstverständlich nach Individualität und Mästungszustand sehr verschieden. Er beträgt für Rot- und Fleckvieh:

wenn die Tiere mager sind zwischen 43 und 49 %,
„ „ „ gutgenährt „ „ 50 „ 53 „,
„ „ „ gutgemästet „ „ 53 „ 62 „.

„Beim Vogtländer wiegen natürlich weniger Knochen mit als beim Fleckvieh.“**)

Vom Vogelsberger Rinde sagt Leithiger: „Als Mastvieh steht es den eigentlichen Fleischviehrassen nach. Der Hauptgrund liegt darin, daß dasselbe zu wenig frühreif ist. — Trotzdem darf man das Vogelsberger Rind, besonders aber den Vogelsberger Ochsen, wenn er aus-

*) Nach schriftl. Mitteilungen des Herrn Landesinspektor Dr. Vogel.
**) Nach schriftl. Mitteilungen des Herrn Landesinspektor Dr. Vogel.

gewachsen ist, nicht als ein schlechtes Masttier betrachten. Die Tiere dieses Schlages mästen sich leicht und geben, was besonders von seiten der Metzger anerkannt wird, ein zartes Fleisch, für das sie selbst, wenn gut ausgemästet, einen etwas höheren Preis anlegen. Gut ausgemästete Ochsen geben von 100 ℔ Lebendgewicht 60—62 % Schlachtgewicht."

Über die Güte des Fleisches des Waldecker Rindes sagt Herr Oberamtmann Dreves u. a.: Die Kühe liefern, selbst wenn sie alt sind, noch einen saftigeren Braten als junge Holländer und Simmenthaler. Unser Landvieh wird daher mit Recht von den Schlächtern den Tieren jeder anderen Rasse vorgezogen.*)

Sieglin berichtet von dem nunmehr verschwundenen Schwäbisch-Hallischen Schlage, im Volksmunde gälte das „Haller Mastochsenfleisch" noch immer als eine ganz vorzügliche, jetzt nicht mehr erreichbare Fleischqualität.**)

So und ähnlich lauten die Urteile über die Beschaffenheit des Fleisches auch der übrigen Landrassen.

Bemerkenswert ist noch, daß die Metzger dem Landvieh auch höhere Preise zugestehen. Wie mir z. B. von der Direktion des Schlachthauses in München freundlicher Weise mitgeteilt wurde, bezahlt man auf dem dortigen Schlachtviehmarkte die Pinzgauer um 1—2 ℳ pro Ctr. Schlachtgewicht höher als das Fleckvieh von gleichem Mästungsgrade.***) Als Grund für das Vorziehen des Landviehes wurde mir verschiedentlich von Metzgern versichert, daß die Konsumenten dieses Fleisch nicht nur lieber kauften, sondern auch gern mit einigen Pfennigen für das Pfund höher bezahlten, daß sich auch weiterhin das Landrind mit geringerem Verluste beim Auswiegen verpfunden lasse.

Wir kommen so zu dem Ergebnis, daß die Landrassen hinsichtlich der Mastfähigkeit, was Schnellwüchsigkeit und gute Verwertung konzentrierter Futtermittel anbetrifft, in ihren Vertretern mit einigen Ausnahmen den Simmenthalern mehr oder weniger nachstehen, daß sie dafür aber die Fähigkeit besitzen, sich schon bei kleineren Gaben weniger gehaltreichen Futters anzumästen und dabei ein Fleisch zu geben, das in Bezug auf Qualität dasjenige aller hochgezogenen Schläge übertrifft.

Bezüglich der Arbeitsleistung unserer Landrindviehrassen glauben wir keiner Opposition zu begegnen, wenn wir behaupten, daß dieselben die besten Zugochsen und Zugkühe in Mitteleuropa liefern. Es läßt sich dies auch schon sehr wohl aus äußeren Gründen erklären.

Die Züchter des Landviehes sind in der Hauptsache kleine Landwirte, die fast nur das Rind als Zugtier verwenden. Der überwiegende kleinbäuerliche Besitz bedingt insbesondere die Verwendung der weiblichen

*) Nach schriftl. Mitteilungen.
**) Die Rinderz. i. Württemberg p. 53.
***) Briefl. Mitteilung.

Tiere zum Zuge. Daneben werden natürlich auch Ochsen angespannt. Die schwierigen Terrainverhältnisse in den deutschen Mittelgebirgen, welche die landwirtschaftlichen Gespannarbeiten sehr erschweren, die anstrengenden Holz- und Steinfuhren, die den Zugtieren außerdem noch zugemutet werden, um bares Geld für die Wirtschaft zu verdienen, die karge und rauhe Haltung, die Unbilden der Witterung, vor denen man die Tiere hier weniger als anderswo zu schützen bestrebt ist, bewirkten, daß im Laufe vieler Generationen ein abgehärteter, zugfester Rindviehschlag entstand, dessen Nachzucht von vornherein eine starke Anlage für diese Leistung besitzt.

Während man früher fast in jeder Wirtschaft den Bedarf in Zugochsen selbst nachzog, unterläßt man das seit einigen Jahrzehnten zumal in den größeren Wirtschaften Norddeutschlands vielfach ganz, sei es, weil der Betrieb technischer Nebengewerbe keine Aufzucht mehr gestattet, sei es, weil man mehr Milchvieh aufstellen will, sei es, weil man die Pferdearbeit für billiger als die Ochsenarbeit hält, sei es aus andern Gründen. In den meisten Fällen ist es aber doch noch so, daß man die Ochsenarbeit rentabel findet und nun den unentbehrlichen Bedarf in den Gegenden decken muß, die der alten Zuchtrichtung treu geblieben sind.

Dadurch, daß sich das Produktionsgebiet verkleinerte, die Nachfrage aber bedeutend hob, trat naturgemäß eine Preissteigerung für gute Zugochsen ein, und zwar dergestalt, daß der Ctr. Lebendgewicht vom Gangvieh mit 5—6 ℳ und noch mehr höher bezahlt wurde, als beim Mastvieh. Dies konnte nicht ohne Einfluß auf die Zucht der Landrindviehschläge bleiben. Von jeher hatte man ja hier großen Wert auf die Zugfähigkeit der Tiere gelegt, und es war deshalb kein Wunder, wenn sich die Nachfrage nach Zugochsen in erster Linie diesen Zuchtgebieten zuwandte. Bald fanden denn auch hier die Züchter, daß die Aufzucht und Anlernung der Ochsen zum Zuge der für ihre Zwecke und Wirtschaftsverhältnisse geeignetste und rentabelste Zweig der Viehzucht sei und richteten ihren Betrieb ganz darauf ein. Auf diesen Umstand ist denn auch der Aufschwung eines guten Teils der Landschläge, namentlich der bayerischen, zurückzuführen. Die Neubegründung des schlesischen Rotviehschlages geschah hauptsächlich deshalb, um die in der Provinz Schlesien gebrauchten Zugochsen im eigenen Lande zu erzeugen.

Einen ernstlichen Konkurrenten in der Lieferung von Zugvieh besitzen unsere Landschläge eigentlich nur im Höhenfleckvieh. Das bunte Vieh Simmenthaler Abkunft übertrifft, wie wir gesehen haben, das Landvieh zumeist an Größe und Schwere und kann infolgedessen mehr Gewicht ins Geschirr legen. Das dürfte aber wohl auch der einzige Vorzug des Fleckviehes bei dieser Nutzung sein.

Martiny sagt z. B. von den in Bayern gehaltenen Schlägen bezüglich der Zugtüchtigkeit: „Am meisten gewandt, leichtfüßig und ausdauernd im Zuge ist von diesen Rassen das Vogtländer, ihm sehr nahe, fast gleichstehend das Pinzgauer Rind, dabei gelehrig, feurig und schnellfräßig, beide als landwirtschaftliches Zugvieh ersten Ranges zu bezeichnen. Ein guter Vogtländer oder Pinzgauer Ochse hat den räumigen und hurtigen Schritt eines Pferdes, ja ist sogar ab und zu auf kurze Zeit nicht schwer in Trab zu bringen. — Den geraden Gegensatz bilden die schwerfälligen Bayreuther Schecken. Wohl geeignet, große Lasten auf ebenem Wege in langsamem Schritt fortzuschaffen, macht ihr plumper Körperbau, die steile Stellung ihrer Gliedmassen und ihr schweres Eigengewicht sie doch im Pfluge, dem eigensten Anspannungsgerät des Ochsen, leicht ermüden. Dazu kommt die Unwirtschaftlichkeit, Körper von 15 oder 18 Ctr. zu ernähren, wo solche von 11 oder 12 Ctr. stark genug sind. Zwischen diesen mitten inne, aber dem Vogtländer und Pinzgauer näher als dem Bayreuther, steht das Scheinfelder."

Jedenfalls ziehen die Vogtländer im Verhältnis zum Körpergewicht schwerer, nehmen auch mehr Boden als die Fleckviehochsen und übertreffen diese an Ausdauer „ganz erheblich". Die Vogtländer Ochsen finden bis 8 und 17 Jahren Verwendung in der Arbeit, werden aber in der Regel mit 6—8 Jahren zur Mast gestellt. Die Fleckviehochsen kommen mit 5—7 Jahren zur Mast, was natürlich nicht ausschließt, daß Tiere beider Rassen auch einmal schon früher fett gemacht und verkauft werden.*)

In der Oberpfalz hat man, wie mir verschiedentlich von praktischen Landwirten versichert wurde, die Erfahrung gemacht, daß Fleckviehochsen, denen man dieselbe Arbeitsleistung wie den Kehlheimer Braunblessen zumutete, ohne ihnen in der Qualität besseres Futter zu verabreichen, geradezu „auf der Straße liegen blieben". Hervorragende Arbeitstiere des Kehlheimer Schlages sollen im Zuge mehr leisten als Pferde. In der Oberpfalz soll es auch öfter vorkommen, daß die Bauern rote Ochsen zur Arbeit, zum Handel aber Scheckvieh halten, das zu diesem Zwecke geschont und extra gut gefüttert wird.**)

Es dürfte deshalb Simmenthaler Zugvieh hauptsächlich da angebracht sein, wo schwere Arbeit bei gutem Futter und günstiger Gelegenheit zur Mästung vorhanden ist, wo die Grundstücke nicht allzuweit vom Wirtschaftshofe entfernt liegen, wo genug Kapital zum spekulativen Ankauf von Ochsen vorhanden ist, wo der Wirtschaftsleiter auch genügend Geschäftserfahrung und Viehkenntnis besitzt, um bei dem öfters als sonst sich notwendig erweisenden Umsatze des Viehes nicht übervorteilt zu werden.

In Betrieben mit leichtem Boden und mit ungünstigeren Futterverhältnissen, in gebirgigem Terrain überhaupt, auch da, wo es sich

*) Nach schriftl. Mitteilgn. des Herrn Landesinspektor Dr. Vogel.
**) Vergl. Wochenbl. d. landw. Vereins i. Bayern, 1896, Nr. 9.

nicht lohnt, die Arbeitsrinder möglichst schnell umzusetzen, bezw. zu mästen, sondern wo es darauf ankommt, die Arbeitskraft der Tiere möglichst lange zu erhalten, da dürfte das rote Rind als Arbeitstier dem bunten Zugrind vorzuziehen sein.

Das gelbe Scheinfelder-, Franken-, Ellinger-, Glan-Donnersberger- rc. Vieh steht in Bezug auf Körpergewicht ungefähr in der Mitte zwischen Fleck- und Rotvieh, in seinen Leistungen ist es dem letzteren aber viel ähnlicher als dem ersteren. Die Ochsen sind ausgezeichnet durch Lenksamkeit, Kraft, Ausdauer und Gängigkeit, und die Kühe stehen ihnen darin nicht viel nach. Nächst den Pinzgauern haben sich bei den Zugprüfungen der „D. L.-G.“ die Frankenochsen als die gängigsten und lenksamsten bewiesen. Bei den Prüfungen auf schwerem Zug haben sie durchschnittlich das 6,04fache des eigenen Körpergewichtes bewältigt. Die Vogtländer, welche das 7,89fache ihres Gewichtes zogen, stehen jedoch hier an erster Stelle.*)

Wir bringen nachfolgend einen Bericht des Herrn Attinger, Kgl. Zuchtinspektors bei dem Zuchtverband für gelbes Frankenvieh, Abteilung Mittelfranken, über eine Zugprüfung.

„Bis jetzt wurde nur eine Zugochsenprüfung, und zwar im Bezirk Scheinfeld, veranstaltet. An derselben beteiligten sich 9 Paar Zugochsen. Die Bedingungen waren die gleichen wie bei den Ausstellungen der „D. L.-G.“ Mit Rücksicht darauf, daß die Tiere nicht trainiert waren, betrug die Gesamtlast statt 80 nur 70 Ctr. Das beste Paar Ochsen legte die Strecke von 4 km in 37,5 Minuten zurück, das letzte Paar brauchte 44 Minuten. Die Hindernisse wurden von allen Paaren, ohne stecken zu bleiben, genommen.**)

Von großer Wichtigkeit ist auch die Beschaffenheit des Klauenhorns für die Zugleistung. Dieses ist bei den meisten Landrassen härter als beim Fleckvieh. In meiner väterlichen Wirtschaft haben wir z. B. die Erfahrung gemacht, daß die schweren Fleckviehochsen auf den harten Feldwegen nicht ohne Beschlag auf allen Füßen arbeiten konnten. Scheinfelder- und Frankenochsen hatten viel seltener Beschlag nötig und dann meist nur auf den Vorderfüßen.

„Als Zugtier ist das Vogelsberger Rind unübertroffen“, sagt Leithiger.***) — „Unter den Vogelsberger Kühen und Ochsen trifft man wohl nie schlechte Zugtiere. Jedes einzelne Individuum ist als Zugtier, wenn angelernt, gängig, leicht lenkbar und willig, zugfest und bewältigt Lasten, die im Verhältnis zum Körpergewicht von keiner anderen Rasse fortbewegt werden.“ Vogelsberger Kühe haben sich

*) Nach d. Zusammenstellung v. Ökonomierat Gerlandt: „Deutsches Rind“ p. 751.
**) Durch Herrn Landesinsp. Dr. Vogel gütigst mitgeteilt.
***) a. a. O. p. 29.

mehrmals an den Zugproben, die während der Wanderausstellungen der „D. L.-G." abgehalten werden, beteiligt; so 1889 in Magdeburg, 1895 in Köln, 1896 in Stuttgart, 1897 in Hamburg und erhielten stets erste Preise. In Köln legten 2 Kühe des Zuchthofes Bingemühle, 8 und $5^1/_2$ Jahre alt, 479 bezw. 488 kg schwer, einen mit 45 Ctr. beladenen Wagen ziehend, das km in 8,5 Minuten zurück. Bei der Ausstellung in Hamburg erhielten die Vogelsberger Zugkühe von den 3 Preisen, die zur Verteilung kamen, den I. und III., sowie noch eine Anerkennung. Unterstützt und gefördert wird die Zugtüchtigkeit des Vogelsberger Viehes durch die allgemein anzutreffenden vorzüglichen Hufe. Während die Simmenthaler auf dem harten Basaltboden nicht ohne Beschlag zu arbeiten vermögen, ist diese Manipulation bei den Vogelsbergern wegen der Beschaffenheit des Klauenhorns unnötig.

Das Westerwälder Rind ist fast das einzige Zugtier seiner Heimat. Bei welchen Anstrengungen es auszudauern vermag, zeigt Folgendes:

Nach Eisbein*) ist es keine seltene Leistung, wenn ein Gespann Kühe auf der harten Chaussee, auf dem Hinweg mit 20 bis 25 Ctr. Kartoffeln oder Holz beladen, 9—10 Stunden Weges in flottem Schritte bergauf und bergab zurücklegt. Bei einem Wettfahren im Schritt, das 1889 in Straßenhaus veranstaltet wurde, legte das schnellste Paar Kühe vor dem ungeladenen Wagen das km Landstraße in 10 Minuten 22 Sekunden, andere Kuhgespanne in 11 Minuten, 11 Minuten 7 Sekunden und 11 Minuten 45 Sekunden zurück; zwei Ochsenpaare brauchten 10 Minuten 22 Sekunden, resp. 12 Minuten 52 Sekunden.

Auch die Harzkühe finden starke Verwendung zum Zuge, weniger allerdings auf dem Harze selbst als in dem angrenzenden Gebiete. „Die Gängigkeit, Ausdauer und die harten Schalen machen die Kühe wie keine andere Rasse brauchbar zum Zuge," schreibt Matthiessen.**) Nach diesem und anderen Berichterstattern werden versuchsweise sehr häufig zum Zuge außerdem benutzt: Simmenthaler und Glaner, sogar Friesen und Holländer; jedoch kommen die Kuhbauern alle und das sehr bald, wenn sie einen Versuch mit Tieren anderer Rassen gemacht haben, auf die Harzkuh wieder zurück. Von einem Paar Zugkühen werden auf den Gebirgsstraßen Lasten von 25 Ctr. ohne große Anstrengung bewältigt. — Zugochsen kommen bei den eigentümlichen landwirtschaftlichen Verhältnissen wenig zur Aufzucht und Anspannung.***) Die wenigen producierten Zugochsen sind aber sehr zugfähig. Ein solches Paar zog bei den Zugprüfungen der „D. L.-G." in Magdeburg das 15,35fache seines Lebendgewichtes an und sehr gut fort, wobei

*) Das Westerwälder Rind, Neuwied 1892.
**) Monographie des Harzrindes 2c., p. 52.
***) Briefl. Mitteilgn.

allerdings die Last auf mehrere Wagen verteilt war, und übertraf damit die Leistung der Ochsen sämtlicher anderen Rassen. Zwei Paar Kühe zogen in gleicher Weise das 7,74- bezw. 8,27fache ihres Lebendgewichtes.

Anerkannt gut ist auch die Zugleistung der Ochsen und Kühe des roten schlesischen Tieflandschlages. Die Arbeitsleistung der Ochsen sowie ihre lange Ausdauer wird von den schlesischen Landwirten allseitig gerühmt. In der That weisen die Ochsen zum allergrößten Teile auch die Voraussetzung zu einer bedeutenden Arbeitsfähigkeit auf, wie sie gegeben sind in einer bedeutenden Entwickelung des Brustkorbes, in langen, kräftigen, freibeweglichen Schultern, welche sich an einen starken Widerrist lehnen, in den kräftigen bemuskelten und richtig gestellten Gliedmaßen. Ferner zeichnen sich die Zugochsen durch eine derbe Haut, sowie durch feste dichte Knochen und durch kräftige Muskelbildung aus, was auf eine kräftige, widerstandsfähige allgemeine Körperbeschaffenheit schließen läßt. Die Gängigkeit und Gelehrigkeit der Ochsen sind Eigenschaften, in denen sie sich nach dem Urteil schlesischer Landwirte nur noch mit den Vogtländern vergleichen lassen. Man ist der Ansicht, daß bayrische Ochsen, Simmenthaler und Kreuzungen von letzteren, dagegen sehr erheblich abfallen.*) Die Kühe finden beim Kleingrundbesitz starke Verwendung zum Zuge. Prüfungen der Arbeitsleistung der Ochsen und Kühe dieses Schlages sind mir nicht bekannt.

Mittel und Wege zur Verbesserung unserer Landrindviehrassen.

Erste Aufgabe eines auf die Hebung der Landesrinderzucht hinzielenden Programms muß es selbstverständlich sein, ein einheitliches Zuchtziel aufzustellen, dem nachgearbeitet werden soll. Bekanntermaßen hat noch kein Land in der Viehzucht etwas geleistet, das diese Forderung nicht erfüllt hat. Zunächst gilt die Frage: Welcher Schlag soll gezüchtet werden?

Nach unseren bisherigen Ausführungen raten wir in diesem Falle zur Züchtung der ursprünglichen Landrasse, sobald deren Leistungen nicht unbefriedigend sind und die Rasse selbst verbesserungsfähig ist.**)

Unter den Züchtern ist nicht selten die Ansicht vertreten, daß die reine Rasse überhaupt nicht mehr vorhanden, also alle Bestrebungen zur Wiederherstellung und Verbesserung derselben von vornherein aussichtslos seien. Diese Zweifel mögen in einigen Fällen sehr berechtigt sein. Wer vermöchte z. B. aus der Musterkarte von Rasse- und

---

*) Vergl. „Deutsches Rind", p. 332 ff.

**) Vergl. hierzu das vom niederbayr. Landvieh Gesagte.

rasselosen Tieren in Thüringen die alteinheimische Rasse überhaupt herauszufinden, viel weniger noch herauszuzüchten!

In anderen Zuchtgebieten ist aber die Einfuhr fremden Blutes nicht so stark gewesen, und hier ist die Möglichkeit gegeben, dasselbe durch geeignete Maßregeln, wozu wir in erster Linie die Haltung von reinen Vatertieren des einheimischen Stammes rechnen, wieder zu verdrängen. Dabei darf auch der zu Gunsten des einheimischen Schlages modifizierende Einfluß von Natur und Wirtschaft nicht unterschätzt werden.

In erster Linie handelt es sich also darum, wieder reinrassige Tiere, namentlich männliches Material, in genügender Menge zu beschaffen.

Die Züchter der Landschläge haben es nicht so bequem wie diejenigen, welche Simmenthaler oder Holländer halten und fortwährend aus dem Auslande reinrassiges Zuchtmaterial nachbeziehen können, sie müssen erstklassiges Zuchtvieh selbst zu erzeugen suchen. Eine diesbezügliche Einrichtung, die bei unseren bedeutendsten und leistungsfähigsten Landschlägen nach den gewichtigsten Zeugnissen Vorzügliches geleistet hat, ist die Errichtung von Stammherden, Musterzuchthöfen, bezw. -Stationen und Zuchtviehhöfen. So verschieden die Namen dieser Institutionen sind, so haben sie doch dieselben Zwecke. Zumeist galt es, aus den noch vorhandenen Resten des Schlages die Elitetiere herauszusuchen, die dann zur Heranzucht rassereinen, möglichst leistungsfähigen Zuchtmaterials dienten. Auch später müssen sie aus dem besten zur Zeit aufbringbaren Zuchtvieh bestehen, um eine allgemeine Steigerung der Leistungen des Schlages im Laufe der Zeit allmählich herbeizuführen.

Die gute Wirksamkeit der Stammzuchten und Zuchthöfe zeigt sich besonders darin, daß Gemeinden, die zur Zucht von Simmenthalern, oder einer anderen importierten Viehrasse übergegangen waren, wieder zur Zucht des einheimischen Stammes zurückkehrten, da sie nur wegen Mangel an geeigneten Vatertieren der Landrasse von derselben abgekommen waren.*) Selbstverständlich kommen aber auch weibliche Tiere von den Stammzuchten ꝛc. zur Abgabe.

Die Schaffung von besonderen Einrichtungen zur Heranzucht guter Zuchtbullen war um so nötiger, und dieser Gedanke ist in den verschiedensten Gegenden Deutschlands deshalb auf so fruchtbarem Boden gefallen, weil die naturgemäßen Förderer der Zucht, die besser situierten größeren Besitzer, sich der Haltung anderer Rassen befleißigten. Erst als diese versagten, sann man von seiten des Staates und der Vereine auf Ersatz. Wenn nun auch die Stammzuchten durchaus nicht wenig

*) Vergl. Leithiger, a. a. O. p. 35. Dieselbe Erfahrung wurde auch beim Vogtländer Rind und anderen Landschl. gemacht.

gutes Zuchtmaterial zu liefern im stande sind, so genügt das aber doch nur selten der starken Nachfrage, die für diesen Artikel vorhanden ist. Deshalb muß bedauert werden, daß sich so wenig Mittel- und Großgrundbesitzer bereit finden, Hand in Hand mit der bäuerlichen Bevölkerung zu arbeiten. Es gehört allerdings zur Erzeugung von Zuchtvieh mehr Intelligenz, Kapital und Erfahrung, als sie der gewöhnliche Landwirtschaftsbetrieb erfordert. Eine Wendung zum Bessern ist nicht abzustreiten, doch könnte noch vieles anders werden.

Der Eigenart der landwirtschaftlichen Verhältnisse in den verschiedenen Provinzen Deutschlands sich anpassend, hat man auch die äußeren Einrichtungen der Stammherden ähnlich wie die Namen modifiziert. In Schlesien bestand 1895 der Verband der schlesischen Rotviehstammherden aus 18 Herden, die zusammen ca. 1800 eingetragene Tiere hielten, wozu noch 850 Haupt der Sonderabteilung des Kreises Liegnitz kamen.*) Diese Stammherden werden also, wie schon die hohe Zahl von Tieren beweist, die durchschnittlich auf eine Herde kommen, vom Großgrundbesitz gehalten. Auch zu der Begründung des Schlages benutzte man die ausgeglichenen Herden der größeren Besitzer. Es spielt also der Großgrundbesitz bei der Züchtung dieses Schlages eine recht rühmliche Rolle.

In Bayern sind durch Verträge des landw. Kreisausschusses für Unterfranken mit ganzen Gemeinden, welche über gute Zuchten und entsprechende Futterverhältnisse verfügen, schon seit 1875 Musterzuchtstationen errichtet worden. Solche Musterzuchtgemeinden existieren zur Zeit 14 mit recht gutem Erfolg. Daneben hat man noch 2 andere Zuchtstationen ins Leben gerufen, die den Zweck haben, die Musterzuchtgemeinden mit gutem Bullenmaterial zu versehen.**)

Auf dem Harze haben sich die Stammherden, die den landwirtschaftlichen Verhältnissen des Harzes entsprechend natürlich nur eine kleinere Anzahl von Tieren umfassen können, ebenfalls sehr bewährt. Berühmt ist besonders die älteste derselben, die sich auf der Pixhayer Mühle befindet.

Von den Zuchtviehhöfen des Vogelsberges sagt Leithiger: „Man kann heute ohne Übertreibung sagen, daß die Zuchtviehhöfe die Grundlage für die Erhaltung und Verbesserung des Vogelsberger Viehes sind und daß diese Institution in Verbindung mit Zuchtstationen, Ortsstatuten, Prämiierung 2c. diesen Schlag bald so gefördert haben werden, daß er allen gerechten Anforderungen entsprechen wird.“

Im Großherzogtum Hessen existieren zur Zeit solche Zuchtviehhöfe für das Vogelsberger Vieh 4, und zwar in Zwiefalten, Bingmühle,

*) Vergl. „Deutsches Rind“, p. 336.
**) Vergl. „Deutsches Rind“, p. 449 u. Eisbein, staatliche u. Vereinsmaßregeln z. Förderung d. Rindviehzucht, p. 48.

Eschenrod und Homberg a. d. O.; für das Odenwälder 2, in Unter-Mossau und Langen-Brombach, für das Glan-Donnersberger 1, auf dem Schnistenberger Hofe.

Um ein Beispiel über die Einrichtung dieser Institutionen zu geben, wollen wir die wichtigsten Bestimmungen des Vertrags zwischen den hessischen landwirtschaftlichen Provinzialvereinen und den Zuchthofunternehmern bringen, der die Errichtung und Erhaltung der Zuchtviehhöfe regelt:

a) „Die in dem Zuchtviehhof einzustellenden Tiere müssen unbedingt reiner Rasse und von einer durch den Provinzialverein zu bestellenden Aufsichtskommission angekört sein;

b) der Übernehmer des Zuchthofes hat für die einzustellenden Tiere nicht den vollen Einkaufspreis zu zahlen, die Differenz zwischen Gebrauchswert und Einkaufspreis bezw. Zuchtwert trägt der Provinzialverein;

c) der Übernehmer des Zuchthofes wird Eigentümer des eingestellten Viehes und dessen Nachzucht mit der Bedingung, daß er den Zuchtviehhof mindestens auf den ursprünglich festgesetzten Bestand erhält und diesen mit der Nachzucht sorgfältig pflegt;

d) der ganze Viehbestand ist alljährlich mindestens einmal einer Revisionsimpfung zu unterwerfen. Die reagierenden Kühe sind sofort von den übrigen zu trennen; —

e) für sämtliche Kühe des Zuchthofes ist regelmäßiges Probemelken (am 1. und 15. jeden Monats) durchzuführen. Hierbei ist außer der Feststellung und Eintragung der ermolkenen Menge in das Probemelkbuch auch regelmäßig von dem Probegemelk jeder Kuh nach besonderer Anweisung eine Probe zu nehmen und zur Untersuchung des Fettgehaltes an die milchwirtschaftliche Versuchsstation des Verbandes der hessischen landw. Genossenschaften einzusenden;

f) Kälber reiner Rasse dürfen vor vollendetem ersten Lebensjahre überhaupt nicht und dann nur verkauft oder vertauscht werden wenn die Aufsichtskommission dieselben freigegeben hat;

g) jeder Übernehmer eines Zuchthofes ist verpflichtet, bei Meidung einer vom Ausschuß des Provinzialvereins auszusprechenden Geldstrafe bis 200 ℳ den Vertragsbestimmungen nachzukommen und den Zuchthof mindestens durch fünf aufeinanderfolgende Jahre zu erhalten;

h) bei einer erfolgenden Auflösung des Zuchthofes verbleibt dem Provinzialvereine das Verkaufs- und Übernahmerecht bezüglich des Zuchtviehes;

i) die Aufsichtskommission kann die Zuchtviehhöfe jederzeit einer Revision unterwerfen. Bei regelmäßiger und von der Kommission unbeanstandeter Erfüllung der vorgeschriebenen Bedingungen erhält je nach Befinden der Kommission der Zuchthofhalter eine Prämie aus der Kasse des Provinzialvereins. Bei der Festsetzung der Höhe der

Prämie ist die durch Beobachtung der Tuberkulosevorschriften, die Durchführung des Probemelkens und der Milchuntersuchung zufallende besondere Arbeit und Kostenaufwendung gebührend in Berücksichtigung zu ziehen;

k) um der Aufsichtskommssion stets die nötigen Anhaltspunkte für die auszuübende Kontrolle zu gewähren, ist bei Meidung obiger Konventionalstrafe jeder Unternehmer verpflichtet, die vorzuschreibenden Bücher und Register regelmäßig und ordnungsmäßig zu führen und dem Vorsitzenden der Kommission zur Einsichtnahme einzusenden;

l) Beschwerden gegen die Entscheidungen der Kommission werden mit Ausschluß jeden gerichtlichen Verfahrens vom Ausschuß des Provinzialvereins endgiltig entschieden."

Nicht unerwähnt wollen wir lassen, daß man im Großherzogtum Hessen auch beabsichtigt, neben den Rassezuchthöfen „Leistungszuchthöfe" zu errichten,*) und zwar nicht nur für die 3 in Hessen gezüchteten Landschläge, sondern auch für das Fleckvieh, da man mit den Leistungen der importierten Simmenthaler recht oft Ursache hatte, unzufrieden zu sein.

In die Leistungszuchthöfe sollen nur Tiere eingestellt werden, welche sich nachweislich durch eine sehr hohe Milchleistung auszeichnen oder aus einer Zucht mit sehr hoher Milchleistung direkt abstammen. Der Ankauf dieser Tiere, sowie der notwendig werdende Ankauf von Ersatztieren, ebenso die Ankörung der Nachzucht als Leistungszuchttiere hat die vom Provinzialverein zu bestellende Aufsichtskommission zu besorgen. Desgleichen hat dieselbe jährlich mindestens einmal zu revidieren und hierbei alle Tiere auszuscheiden, die der vom Provinzialverein angesetzten Mindestleistung nicht entsprochen haben oder aus sonstigen Gründen nicht zur Weiterverwendung im Zuchthof geeignet erscheinen. Im übrigen gelten dieselben Bestimmungen, wie bei den Rassezuchthöfen.

Auf diesen geplanten Leistungszuchthöfen soll leider nur eine Leistung, die Milchergiebigkeit, und auch hier nur, soweit dies ersichtlich ist, die absolute Leistung berücksichtigt werden. Zu wünschen wäre, daß wenigstens noch die aufgewendeten Futterkosten für die Erzeugung der Milch und die Futterdankbarkeit der jungen Tiere des Zuchthofes festgestellt würden. Auch die Zugtüchtigkeit darf meines Erachtens auf einem solchen Zuchthofe nicht unberücksichtigt bleiben und wird es auch nicht, wie der Zuchthof Bingmühle beweist, dessen Kühe auf den Zugprüfungen der „D. L.-G." den ersten Preis davontrugen. Bei den sonst so vorzüglichen Einrichtungen der Zuchthöfe würden diese dann „Hochzuchten" im wahren Sinne des Wortes zu nennen sein.

---

*) Drucksachen des Hess. Landwirtschaftsrates, Nr. 12 v. 5. Juni 1901.

Mit den sog. Bullenzuchtstationen hat man verschiedene Erfahrungen gemacht. Dieselben haben den Zweck, gute Bullenkälber, die die Züchter, weil es ihnen zu lästig ist, solche aufzuziehen, der Schlachtbank überliefern, der Nachzucht zu erhalten. Die Besitzer der besten Kühe sind häufig, wie es die wirtschaftlichen Verhältnisse der Kleingrundbesitzer mit sich bringen, nicht in der Lage, die Kälber großzuziehen. Hier hat nun diese Einrichtung ergänzend zu wirken. Die Bullenkälber, welche von den leistungsfähigsten Eltern stammen und auch sonst vielversprechend sind, werden angekauft und unter naturgemäßen Aufzuchtsbedingungen, wozu wir ganz besonders regelmäßigen Weidgang rechnen, großgezogen, um dann später wieder an die Gemeinden, bezw. Zuchtvereine als sprungfähige Bullen abgegeben zu werden.

Auf dem Harze hat sich diese Einrichtung nicht bewährt. Als wesentlichsten Grund dafür wird angegeben, daß die jungen Bullen, sobald sie über ein Jahr alt waren, zu unbändig wurden und bei Weidegang nicht mehr zu halten waren.*)

Im Siegerlande ist man mit den Resultaten der Bullenaufzuchtstationen ganz zufrieden. Die Anstalt lieferte im Jahre 1896 bereits 20 Bullen, die in den Gemeinden zum Decken aufgestellt wurden.

Auch in der Rheinpfalz ist man mit den Ergebnissen der auf dem Schmalfelder Hofe befindlichen Aufzuchtsstation für Bullen sehr einverstanden. Der Besitzer dieses Hofes übernimmt die Bullen im Alter von 6—8 Monaten und zieht sie bei guter Pflege und Haltung, wie sie von keinem Landwirt gewährt werden könnte, der sich nicht speziell auf diesen Zweig geworfen hat, groß; hier hat sich diese Art Arbeitsteilung nach allem, was ich darüber in Erfahrung bringen konnte, recht gut bewährt.

Als weiteres Mittel zur Hebung der Landesrinderzucht ist die Einrichtung von Bullenstationen zu bezeichnen. Die Gemeinden, bezw. Zuchtvereine, kommen dadurch in Besitz tadelloser reinrassiger Bullen — denn nur um solche kann es sich bei dieser Institution handeln —, die aus Hochzuchten stammen und wohl geeignet sind, auf die Zucht verbessernd einzuwirken. Es soll dadurch gutes Zuchtmaterial auch bis in den Stall des kleinsten Besitzers Verbreitung finden.

Zu den Anschaffungskosten wird gewöhnlich aus Staats- oder Vereinsmitteln ein wesentlicher Zuschuß geleistet. So gewährt z. B. der „Verein nassauischer Land- und Forstwirte im Regierungsbezirke Wiesbaden“ bei Errichtung einer Bullenstation einen Zuschuß von 75 % der Anschaffungskosten des Bullens.**) Selbstverständlich können bei

---

*) Protokoll d. 2. Delegierten-Vers. z. Zw. d. Hebg. d. Rindviehz. auf d. Harze, 1883, p. 13.

**) Zeitschrift d. Ver. nass. Land- u. Forstwirte ꝛc., 1891, Nr. 50.

solch starker Beihilfe dann den Gemeinden auch Verpflichtungen in züchterischer Beziehung auferlegt werden. In Schlesien waren nach dem Jahresbericht der Landwirtschaftskammer im Jahre 1899 nicht weniger als 505 Bullenstationen mit Vatertieren des roten schlesischen Tieflandschlages besetzt.

Ergänzt werden müssen diese Bestrebungen durch Erlaß geeigneter Ortsstatute, wodurch die Viehzüchter einer Gemeinde zur Einhaltung eines gemeinsamen Zuchtzieles unter Umständen gezwungen werden können. Nicht selten finden wir in Ortschaften, die sich mitten im Zuchtgebiete eines Landschlages befinden, deren Zucht- und Haltungsbedingungen außerdem noch recht eigentlich auf die Zucht des Landschlages hinweisen, neben einem oder mehreren Bullen des einheimischen Schlages auch einen Fleckviehbullen aufgestellt. Einzelne Züchter, gewöhnlich die wohlhabendsten und einflußreichsten Leute in der Gemeinde, konnten sich der Moderichtung nicht entziehen und schritten zur Anschaffung des Fleckviehes. Die Gemeindeverwaltung stellte dann, um es mit niemandem zu verderben, einen Simmenthaler Bullen auf. Eine schnelle und durchgreifende Besserung kann hier nur durch eine allgemeine Körordnung, bezw. durch Landesgesetzgebung erreicht werden. Ohne Zwang geht es da leider nicht ab.

Zu diesem Zwecke ist es nötig, daß nicht nur für einzelne Gemeinden, sondern für größere Bezirke ein einheitliches Zuchtziel aufgestellt wird, wo dann nur Tiere eines Schlages zur Ankörung gelangen. In Bayern waren z. B. May und Feser aufs eifrigste bemüht, solche „Stammzuchtbezirke" in's Leben zu rufen. Es ist unberechtigt, wenn jedes Kirchdorf seinen besonderen Schlag kultivieren will.*) Als Ziel einer solchen Landesrinderzucht muß immer vorschweben, im ganzen Zuchtgebiet oder wenigstens in größeren Distrikten desselben, ein Vieh von ausgeglichenem Charakter, mit ähnlichem Exterieur und bestimmten Leistungen zu züchten, das seine Eigenschaften auch sicher vererbt. Auf diesem Punkte beruhen nicht zum kleinsten Teile die Erfolge Hollands, der Schweiz und in Deutschland der gute Ruf des holsteinischen, badenischen und bayrischen Rindviehs.

Als Mittel zur Erreichung dieses Zieles sind besonders die Gründung von Zuchtvereinen und Herdbüchern ins Auge zu fassen. Der Umstand, daß in Zuchtgebieten der Landrassen die eigentliche Züchterarbeit in den Händen der kleinen und mittleren Landwirte liegt, läßt es von selbst vorteilhaft erscheinen, daß sich dieselben zusammenschließen, um in gemeinsamer Arbeit dem erstrebten Ziele schneller nahe zu kommen. Im Anschluß an die Zuchtvereine sind Herdbücher zu führen, die für eine rationelle Zucht anerkanntermaßen unentbehrlich sind.

---

*) Vergl. Brödermann, Fühlings landw. Zeitschrift, Jahrg. 1900, Heft 4.

Auf die innere Einrichtung der Zuchtvereine und Herdbücher, sowie auf die Vorteile, die sie den Züchtern bieten, näher einzugehen, können wir aber wohl unterlassen, da hierüber eine außerordentlich reiche Litteratur vorhanden ist und man in fast allen Gegenden Deutschlands schon diesbezügliche Institutionen kennt.

Erfahrungsgemäß leisten größere, gut geleitete Zuchtbezirke erheblich mehr und bedeutend besseres, als dies kleine zu thun im stande sind. In unserem politisch so zersplitterten Süd- und Mitteldeutschland geht nun nicht selten die Landes- oder Provinzialgrenze mitten durch das Zuchtgebiet eines Landschlages. Dadurch wird das Zusammenwirken der Züchter sehr erschwert, weil man bei den in Betracht kommenden Behörden oft sehr verschiedener Ansicht darüber ist, was zunächst zur Hebung der Rindviehzucht am dienlichsten sei. Die Züchter aber befinden sich in einer gewissen Abhängigkeit, da sie ohne starke Geldunterstützung von seiten des Staates oder der Vereine Bestrebungen größeren Stils zur Hebung der Zucht nicht ins Werk setzen können. Deshalb ist die Zusammenfassung der hauptsächlichsten Zuchtbezirke des Vogelsberger Schlages zu dem „Verbande der Herdbuchgesellschaften für das Vogelsberger Rind“ als eine in der Folge gewiß segensreich sich erweisende Maßregel freudig zu begrüßen, und es ist nur zu wünschen, daß auch anderwärts die Landwirte, welche unter ähnlichen Verhältnissen Landschläge züchten, diesem guten Beispiele folgen werden.

Aus demselben Grunde wäre es als ein großer Fortschritt zu betrachten, wenn sich die Züchter einiger Landschläge entschließen könnten, ihren Schlag mit einem oder mehreren verwandten Schlägen zu verschmelzen. Allgemein anerkannt als zuchtförderndes Moment wird jetzt der von den Landwirten anfangs so sehr gefürchtete Zusammenschluß der Genossenschaften für Züchtung des Glan- und des Donnersberger Viehes in der Pfalz zum „Zuchtverband für Glan-Donnersberger Vieh“, wodurch ein großes, gut geschlossenes Reinzuchtgebiet entstand, das der einheitlichen Zucht nur förderlich sein kann und jetzt schon auf Marktverkehr und Absatz belebend eingewirkt hat. Von hohem Werte wäre nun meiner Ansicht nach noch eine möglichst enge Fühlung der Zuchtverbände für dieses Vieh in der Rheinpfalz, Rheinpreußen und Rheinhessen.

Hierher gehören auch die Bestrebungen des Kgl. bayer. Landesinspektors für Tierzucht, Dr. Vogel, sämtliche Züchter des Frankenschlages zu einem großen einheitlich geleiteten Zuchtgebiete unter dem Namen „Zuchtverband für gelbes Frankenvieh“ zu vereinigen.

Lehnert hält es für richtiger, das Vogelsberger-, Waldecker- und Taunusvieh als „Vogelsberger“ in einem großen Zuchtbezirk zusammenzufassen und nicht ohne Grund Grenzen zu ziehen, die Zucht und Absatz nur hinderlich sein können.*)

Über den hohen Wert regelmäßig wiederkehrender Tierschauen für die Landesrinderzucht ist man sich wohl einig, so daß wir nicht viel Worte darüber zu verlieren brauchen. Hervorheben wollen wir nur, daß in einheitlichen Zuchtgebieten allein Tiere prämiiert werden sollten, welche dem reingezüchteten Landschlage angehören, und nicht solche, die dem Zufalle und der persönlichen Liebhaberei einzelner ein vorübergehendes Dasein verdanken. Von Wichtigkeit ist, daß das prämiierte Vieh dem Lande erhalten bleibt. Dies geschieht am besten dadurch, daß man hohe Preise aussetzt mit der Verpflichtung, das prämiierte Exemplar während eines bestimmten Zeitraumes nicht aus dem Zuchtgebiete zu exportieren. Hohe Prämiensätze sind aber hierfür unbedingt nötig und Kleinigkeiten, wie sie leider vielfach noch als Preise verteilt werden, genügen nicht, da sich die Züchter doch zumeist aus bäuerlichen Kreisen rekrutieren und der weniger begüterte Kleinbesitzer sich bei der Zucht erstklassigen Viehes den Luxus nicht leisten kann, in der „Ehre" allein vollgültigen Ersatz für die aufgewendeten größeren Kosten und Arbeiten zu finden. Während bei anderen Rassen, ganz besonders beim Höhenfleckvieh, nicht selten erstaunlich hohe Verkaufspreise für erstklassiges Zuchtvieh erzielt werden, finden die entsprechenden Exemplare der Landrassen oft noch nicht die gebührende Beachtung und infolgedessen keine Bezahlung, die dem Zuchtwerte der Tiere und den aufgewandten Produktionskosten voll entspräche. Hohe Prämien sind also hier noch mehr als anderswo nötig, wenn die Anstrengungen der Züchter nicht ermatten sollen. Zweckmäßig ist ferner die Prämiierung ganzer Zuchten, die auch von Gemeinden oder Zuchtvereinen zusammengestellt sein können.

Als das wichtigste Moment zur Erhaltung und Erhöhung der Konkurrenzfähigkeit der Landrindviehrassen halten wir die Zucht auf Leistung. Was bestechendes Äußere, Schönheit und Gefälligkeit der Formen und Farben für das Auge, Vollendetsein des Exterieurs überhaupt anbetrifft, so werden sie wohl andere Rassen, besonders das Fleckvieh, kaum erreichen, schwerlich aber je übertreffen. Die Zucht auf schöne Formen ließ dort teilweise die Leistungen weniger berücksichtigen, und deshalb könnten, wenn man nur entsprechende Anstrengungen machen wollte, die Züchter der Landrassen bald einen Vorsprung erhalten.

Bei einem guten Teile der Landschläge ist die Milchergiebigkeit die in erster Linie gewünschte Nutzungseigenschaft. Zur Feststellung der absoluten Leistungsfähigkeit in dieser Richtung sind planmäßige Probemelken und Milchuntersuchungen unbedingt notwendig. Da die

*) Rasse und Leistung unserer Rinder, p. 358.

Milchuntersuchungen bezw. Milchfettbestimmungen mit den bis jetzt konstruierten Apparaten verhältnismäßig umständlich sind und infolgedessen von den Landwirten nicht selbst vorgenommen werden können, so empfiehlt es sich, von seiten des Staates Einrichtungen zur Untersuchung zu schaffen und vielleicht auch die Kosten derselben ganz oder teilweise zu tragen. Wo Molkereigenossenschaften bestehen, welche die Milch ja an und für sich meist nach dem Fettgehalt bezahlen, sollte ganz besonders auch eine Untersuchung des Fettgehaltes der Milch der einzelnen Kühe angestrebt werden.

Es genügt jedoch nicht, die absolute Leistung der Zuchttiere festzustellen, sondern es ist für eine rationelle Zucht auch nötig zu wissen, mit welchem Futteraufwande dieselbe erzielt wurde. Ein Beispiel, wie dies in der Praxis durchzuführen ist, haben die dänischen Kontrollvereine gegeben. Dieselben haben es sich zur Aufgabe gemacht, die einzelnen Individuen ihrer Viehbestände in ihren relativen Leistungen (Leistung zu Futterverbrauch) fortgesetzt zu kontrollieren, um die mindernutzbaren ausmerzen und nur mit den besten Futterverwertern züchten zu können.

Leider müssen wir es uns versagen, auf Einzelheiten in der Einrichtung der Kontrollvereine einzugehen. Wir verweisen in dieser Beziehung auf die einschlägige Litteratur. Nur das wollen wir erwähnen, daß sich in Dänemark diese Einrichtung ausgezeichnet bewährt hat. Trotzdem sie erst einige Jahre besteht, existieren in diesem kleinen Lande schon über 250 solcher Kontrollvereine.

Zu bedauern ist, daß man in Deutschland so wenig sich bemüht, ähnliche Organisationen wie in Dänemark zu schaffen. Sehr zu wünschen ist es deshalb, daß endlich von den hierzu berufenen Fachleuten eine kräftige Agitation ins Werk gesetzt und Belehrung hierüber in die weitesten Kreise getragen wird. Es ist dies notwendig, wenn wir uns in viehzüchterischer Beziehung nicht ganz von dem Auslande überflügeln lassen wollen.

Gehen wir die Geschichte unserer Landschläge durch, so finden wir, daß in den seltensten Fällen die Anregung zur Erhaltung und Verbesserung des Schlages von der Masse der Züchter ausging, sondern daß es immer nur einzelne Männer waren, welche die Vorzüge des Landviehs für ihre Heimat erkennend auch die anderen Züchter darauf aufmerksam machten und diese mit fortrissen. Was wäre z. B. aus den bayrischen Landschlägen ohne die verdienstvolle Thätigkeit Mays, Fesers, Vogels und vieler anderer geworden, wenn diese die Landwirte nicht ständig auf die Vorzüge des einheimischen Viehes aufmerksam gemacht hätten und nicht immer auf Mittel zur Erhaltung und Verbesserung derselben bedacht gewesen wären! Eine nicht minder rühmliche Rolle hat für das Vogelsberger Vieh Ökonomierat Leithiger, Zuchtinspektor für Oberhessen, übernommen. Bei der Wiederherstellung der alten Harzrasse erwarb sich Amtsrat Creydt die größten Verdienste, und der Leiter des Zuchtverbandes für schlesisches Rotvieh, Ökonomierat Ziegert, wird als der Vater aller auf die Hebung der Landesrinderzucht Schlesiens hinzielenden Bestrebungen bezeichnet. Die persönliche Anregung spielt also in der Landesrinderzucht eine große Rolle. Darum sollten die Regierungen auf die Anstellung von technischem Personal: Zuchtinspektoren, bezw. -Direktoren, Wanderlehrern für Viehzucht ꝛc. bedacht sein, welche dann die Durchführung der im Vorhergehenden empfohlenen und sonst sich als notwendig erweisenden Maßregeln zur Hebung der Zucht überwachen.

Was aber die Züchtung schafft, das muß erst durch richtige Aufzucht weiter entwickelt, durch ausreichende Ernährung, gute Wartung und Pflege voll nutzbar gemacht werden. Deshalb ist neben einer ungeschmälerten Erhaltung unserer heimischen Reinzuchtsstämme die entsprechende Aufzucht, Fütterung und Haltung zur Erreichung eines höheren Zuchtzieles, sowie einer Rente aus der Rindviehzucht Grundbedingung, ohne welche die sorgsamste Paarungszüchtung erfolglos bleiben muß. Notwendig ist es aus diesem Grunde, daß die Züchter des Landviehes mehr als bisher auf die Verbesserung der Futter- und Haltungsverhältnisse hinarbeiten.

Dies wäre auch von einem anderen Gesichtspunkte aus erwünscht. Die Landwirte der deutschen Mittelgebirge und der angrenzenden Gebiete sind zumeist durch die Natur ihres Landes darauf angewiesen, das Schwergewicht ihrer Wirtschaft auf die Viehzucht zu legen. Sie sind deshalb in der Lage, Zucht- und Nutzvieh den Wirtschaften zu liefern, welche in Gegenden liegen, wo der Ackerbau besser lohnt. Die Genügsamkeit gewisser Tierschläge kann aber auf der einen Scholle ein Segen, auf der andern ein Nachteil sein.*) Es werden deshalb die Landwirte mit besseren Futterverhältnissen ihren Bedarf nur dann bei den Züchtern des Landviehes decken, wenn dieses auch einigermaßen die Fähigkeit besitzt, gehaltreiches Futter gut zu verwerten. Die Nachfrage des Marktes ist aber ein wesentliches Moment zur Erzielung einer Rente aus der Rindviehzucht. Deswegen sollten auch die Züchter der Landrassen bemüht sein, den Anforderungen des Marktes nachzukommen, und mit Fleiß an die Verbesserung der Ernährungsverhältnisse denken.

Welche Maßregeln hat man nun zu diesem Zwecke zu ergreifen, bezw. welche Einrichtungen sind anzustreben?

Bekannte Thatsache ist, daß ein regelmäßiger Weidegang zu den Grundbedingungen für das Gedeihen des Rindviehes gehört. Wir brauchen nur an die üppigen Matten der Alpen, an die herrlichen Marschweiden Norddeutschlands und Hollands, an die graswüchsigen

*) Brödermann: Hat die Erhalt. vorhand. Schl. i. d. Tierz. einen Wert? Fühl. Landw. Zeit., 1900, 4. Heft.

Koppeln Schleswig-Holsteins und an die fruchtbaren Flußniederungsweiden der östlichen Provinzen zu erinnern, die leistungsfähigsten Rassen entstanden zuerst da, wo die Elterntiere und das Jungvieh sich einen großen Teil des Jahres auf ergiebiger Weide aufhalten konnten.

Ähnliche Einrichtungen müssen auch wir auf den deutschen Mittelgebirgen für die Landrindviehzucht schaffen. Auf dem Schwarzwalde, dem Vogelsgebirge, dem Westerwalde, dem Rothaargebirge, auf dem Harze, auf den schlesischen Gebirgen ꝛc. befinden sich noch zahlreiche Hutweiden, die glücklicherweise noch zum großen Teile im Gemeinde- oder Genossenschaftsbesitz sind und auf welchen der Weidebetrieb noch nicht aufgegeben worden ist. Leider sind die Weiden in der Regel nur zu arg vernachlässigt worden, fast nie geschah etwas zu ihrer Verbesserung. Man düngte sie kaum je, entzog ihnen aber im Laufe der Jahrhunderte im Weidegrase eine große Menge Pflanzennährstoffe, für die der Dünger des Weideviehes kein vollgültiger Ersatz sein konnte. Auf diesen ausgemergelten Weiden ist natürlich der Graswuchs nur spärlich und kann für eine ausreichende Ernährung des Rindviehes nicht genügen. Dazu kommt, daß die Hutweiden vielfach übersetzt werden, weil es den einzelnen Besitzern freisteht, wie viel Stück sie austreiben wollen, oder weil gar das Einzelhüten auf der gemeinschaftlichen Weide gestattet ist. Die Gemeindeweiden sind zum Teil mehrere Hunderte, ja an die Tausend Morgen groß, wobei sich allerdings Bruchteile der Weide nicht selten ganz steril erweisen.

Die Melioration dieser Weiden ist heute verhältnismäßig leichter als in früherer Zeit. Neben den sonst bei solchen Unternehmungen in Frage kommenden Arbeiten spielt hier besonders die Fruchtbarmachung durch Kalk-, Kali-, Phosphatdüngung eine wichtige Rolle, wofür uns jetzt relativ billige mineralische Düngemittel zur Verfügung stehen.

Die in Betracht kommenden Korporationen besitzen jedoch in den seltensten Fällen pekuniäre Mittel, Verständnis und Unternehmungsgeist genug, um solche Meliorationen ins Werk zu setzen. Behörden und landwirtschaftliche Vereine sollten meiner Ansicht nach hier ratend und helfend eingreifen, womit ich aber nicht sagen will, daß nun von dieser Seite die Kosten der Anlagen ganz oder größtenteils bestritten werden sollten. Die Gemeinden, welche allermeist später sehr große Vorteile davon haben, kann man ruhig die notwendigen pekuniären Lasten tragen lassen. Dagegen könnten die landw. Vereine sehr nützlich wirken, wenn sie Verständnis und Anregungen für solche Unternehmungen in die Gemeinden tragen, der Staat ganz besonders dadurch, daß er technisch gebildete Beamte ohne Entgelt zur Leitung der Arbeiten zur Verfügung stellt und einen billigen Meliorationskredit vermittelt. Oft aber wird den Gemeinden von vornherein ein Beitrag zu den Meliorationskosten gewährt, wenn sie sich gewissen Bedingungen unterwerfen. Dies ist besonders in den Großherzogtümern Hessen und Baden der Fall. Der

Schwerpunkt ist dann darauf zu legen, daß wirkliche futterreiche Weiden geschaffen werden, bei deren Bewirtschaftung die geschilderten Übelstände vermieden werden. Erhalten die Gemeinden eine pekuniäre Beihilfe zu den Meliorationen, so können bei der Bewilligung ja Maßregeln über die Behandlung der meliorierten Flächen vorgeschrieben werden.

Sehr angelegen läßt sich der landwirtschaftliche Provinzialverein für Oberhessen die Verbesserung der Hutweiden sein. Derselbe bewilligt Mittel zur Anstellung von Versuchen und Schaffung von Musterbeispielen in kleinem Umfange. Bei größeren Anlagen trägt der Provinzialverein die Kosten der Anstellung der Versuche, welche nach einem bestimmten Plane vorgenommen werden müssen. Auch die Ausführung der Arbeiten übernimmt er, stellt aber dabei die Bedingung, daß die betreffende Gemeinde sich verpflichtet:

1. einen Teil der Ausführungskosten selbst zu tragen;
2. die Einzelhut auf den betreffenden Flächen aufzuheben;
3. die Vorschriften des Provinzialvereins über Benutzung, Unterhaltung, Pflege, besonders auch regelmäßige Düngung der betreffenden Weidefläche einzuhalten;
4. im Falle der Nichteinhaltung der gestellten Bedingungen auf Entscheidung eines hierzu berufenen Schiedsgerichts dem Provinzialverein seinen Anteil an den Anlagekosten zurückzuerstatten.

Wie segensreich solche Meliorationen wirken und wie rentabel sie sich gestalten können, das zeigt wieder die Provinz Oberhessen. Nach Mitteilungen, welche ich Herrn Ökonomierat Leithiger verdanke, erstrecken sich dort die Meliorationen über etwa 30 Gemeinden, und die Kapitalaufwendungen haben sich in den letzten Jahren, in welchen das Futter auf der Wiese verkauft wurde, im Durchschnitt mit ca. 19 % verzinst. Seit zwei Jahren geht aber das Bestreben der die Arbeiten leitenden Kommission dahin, nicht nur einfache Futterflächen zum Mähen mit Versteigerung des Futters, sondern Jungviehweiden herzustellen, welche so groß sein sollen, daß sie für die ganze Sommerperiode dem gesamten Jungvieh einer Gemeinde reichlich Nahrung bieten. In diesem Jahre sollen die zwei ersten derartigen Weiden in Crainfeld und Lanzenhain mit über 100 Morgen Größe eröffnet werden.

Nicht überall liegen selbst in Gebirgsgegenden die Verhältnisse so günstig, daß jede oder doch der größere Teil der Gemeinden im Besitz einer solchen Weide wäre. Man ist deshalb neuerdings in fortgeschrittenen Distrikten, wo mehr Verständnis für züchterische Bestrebungen vorhanden ist, zur Einführung sog. Jungviehweiden geschritten. Ein solches Unternehmen ist sehr wohl geeignet, wo den Züchtern die Gelegenheit fehlt, den Jungtieren die notwendige Bewegung zu geben, diesem Mißstand abzuhelfen und außerdem den Landwirten die Vorteile einer zweckmäßigen Aufzucht des Jungviehes vor Augen zu führen. Sollen derartige Einrichtungen wirklich diese Aufgaben voll erfüllen, und bestimmenden Einfluß auf die Rindviehzucht eines Landes ausüben können, so ist es nötig, daß sie nicht allzu dünn gesät sind, sondern wie ein förmliches Netz sich über das ganze Land verbreiten.

Die Jungviehweiden dürfen nicht zu klein sein. Auf ein Stück Weidevieh muß mindestens ein Morgen Fläche kommen. Bei schlechtem Wetter und wenn es an dem erforderlichen Graswuchse fehlt, müssen täglich Kraftfutter und Heu gegeben werden. Selbstverständlich ist auch für entsprechend große Unterkunftsräume Sorge zu tragen. Es dürfen auch nur solche Tiere aufgenommen werden, die frei von ansteckenden Krankheiten sind, was durch ein tierärztliches Zeugnis nachgewiesen werden muß. Herdbuchtieren, bezw. solchen, die einem Zuchtvereine angehören, gebührt der Vorzug bei der Aufnahme. Von seiten des Staates und der Vereine kann eine Unterstützung hauptsächlich erfolgen durch Bewilligung von Mitteln zu den ersten Anlagekosten, durch einen Zuschuß zur Bestreitung der laufenden Unterhaltungskosten der Weide und durch Übernahme von Unkosten des Beschickers, besonders der Transportgebühren und eines Teiles des Weidegeldes.

Das Weidegeld ist auf den Jungviehweiden verschieden hoch, je nach dem Alter und dem Geschlecht der Tiere, der Größe der auf ein Stück entfallenden Weidefläche, den gereichten Kraftfuttergaben 2c. Nach dem, was ich in Erfahrung bringen konnte, schwankt es bei einer 4—5 Monate langen Weideperiode zwischen 35 und 80 ℳ. Die Gewichtszunahme auf der Weide beträgt aber zwischen 60—125 kg, durch welche Wertsteigerung allein schon die verursachten Unkosten gedeckt werden und man den züchterischen Vorteil umsonst hat.

Wenn Weiden noch nicht vorhanden oder doch verhältnismäßig selten sind oder deren Errichtung gar nicht durchführbar ist, dann sollten wenigstens Tummelplätze eingerichtet werden. Ein vollgültiger Ersatz für Weide sind sie jedoch nicht, da sie den Tieren kein Futter gewähren. Unternehmer sind am besten die Gemeinden oder die Zuchtvereine. Wünschenswert ist, daß ein solcher Tummelplatz eine Größe von mindestens $^1/_4$ ha hat und daß er ein Schutzdach besitzt, das die Tiere gegen plötzliche Unbilden der Witterung und zu warmem Sonnenschein zu schützen vermag. Das Jungvieh soll sich des Tages einige Stunden hier aufhalten können.

Läßt sich auf genossenschaftlichem Wege nichts erreichen, so bleibt zumal für den größeren und mittleren Besitzer immer noch die Möglichkeit, auf eigene Hand vorzugehen. In vielen Fällen sind dicht am Hofe gelegene Baumgärten und Wiesen oder sonst zur Anlage von Dauerweiden geeignete Ländereien vorhanden, die sich mit geringem Kostenaufwande zur Aufnahme des Jungviehes herrichten lassen. Auch das Tüdern des Viehes dürfte sich nicht selten empfehlen.

Die Muttertiere erhalten genügend Bewegung, falls sie zum Zuge Verwendung finden. Selbstverständlich ist auch für sie Weidegang immer die natürlichste Haltung. Auch in größeren Wirtschaften können die Kühe mit Vorteil zu leichteren Arbeiten Benutzung finden. Jedenfalls ist das ihrer Gesundheit dienlicher, als wenn sie jahraus jahrein im Stalle als „Milch- und Buttermaschinen" stehen.

Auch für den Zuchtbullen muß, soll derselbe nicht vor der Zeit dienstuntauglich werden, und das ist bei wertvollen Exemplaren immer ein großer Verlust, für Bewegung auf einem Tummel- oder Grasplatz oder durch Benutzung zu leichteren Arbeiten gesorgt werden. Ihn mit der gemeinschaftlichen Herde auf die Weide zu schicken, halte ich aus verschiedenen Gründen für nicht empfehlenswert.

Durch Melioration der Hutweiden wird jedoch nur für eine kräftigere Sommerernährung gesorgt. Wollen wir eine durchgreifende Besserung der Ernährung des Rindviehes erzielen, so müssen wir eine Hebung des Futterbaues überhaupt zu bewirken suchen. Dies kann geschehen durch Verbesserung der hierzu schon vorhandenen Flächen und durch weitere Ausdehnung des Futterbaues.

Wir sehen in dieser Beziehung das wirkungsvollste Mittel darin, die Landwirte durch Beispiele zu belehren und zur Nachahmung anzureizen. Geeignet hierzu sind besonders die Schaffung von Verbesserungsbeispielen durch Anstellung einfacher Düngungsversuche, die als anschauliche Beispiele den Besitzern den Erfolg einer richtigen Düngung zeigen. Aus demselben Grunde kann es sich empfehlen, sachgemäße Wiesenmeliorationen, die als Vorbild für andere dienen können, zu prämiieren. Nicht selten erfolgt auch ein Zuschuß zur Anschaffung von der Wiesenpflege dienenden Geräten an Gemeinden oder Genossenschaften.

Wegen des niedrigen Standes der Getreidepreise und der Schwierigkeiten, mit denen der Ackerbau in gebirgigen Gegenden überhaupt verknüpft ist, muß mit allen Mitteln eine Vermehrung der Futterflächen auf Kosten des Getreidebaues angestrebt werden. Auch hier dürften einfache Düngungsversuche auf Futterfeldern, Anbauversuche zur Prüfung des Wertes verschiedener Futterpflanzen und Futtergemische für bestimmte Böden und Gegenden sehr zweckentsprechend sein. Sollen diese Versuche und Untersuchungen brauchbare Ergebnisse liefern, so müssen sie nach einem bestimmten Plane vorgenommen werden, weshalb die Leitung derselben am besten von einer landw. Versuchsstation übernommen wird.

Um Demonstrationsbeispiele großen Stils zu schaffen, dürfte auch die Begünstigung typischer Futterwirtschaften in Form von Zuschüssen zu den Einrichtungskosten oder Prämiensätzen ins Auge zu fassen sein. Dieselben müssen unter Berücksichtigung der klimatischen und Bodenverhältnisse und unter Zuhilfenahme der modernen Hilfsmittel, namentlich des künstlichen Düngers, mindestens die Hälfte des Ackerareals zum Feldfutterbau, insbesondere zu Kleegrasschlägen, niedergelegt haben, die eventuell nach Entnahme des ersten Futterschnittes oder auch sofort beweidet werden können.*)

Schluß.

Führt man die empfohlenen Maßregeln in der richtigen Weise konsequent durch, so muß man meiner Überzeugung nach in absehbarer Zeit in Besitz eines Stammes Landvieh kommen, der neben den dem Landvieh eigentümlichen nützlichen Eigenschaften ganz besonders die Fähigkeit besitzt, das in der Wirtschaft erzeugte Rauhfutter relativ am besten zu verwerten. Hat man aber der Mehrzahl der Viehstämme eines Landschlages diese Eigenschaft angezüchtet, so wird dieser sehr wohl in der Lage sein, in dem großen Konkurrenzkampfe der Rinderschläge Deutschlands seinen Platz zu behaupten und das ihm naturgemäß zustehende Zuchtgebiet in nicht allzulanger Zeit wieder zurückzugewinnen.

Ein Zukunftsbild, das hoffentlich bald verwirklicht wird, ist, daß die Züchter der deutschen Mittelgebirge, ganz besonders auch die des roten Kurzkopfrindes, mit ihrem einheimischen, aus sich selbst heraus verbesserten und leistungsfähiger gemachten Landvieh erfolgreich in Konkurrenz treten können mit den Züchtern der Alpen und Marschen und den dort gehaltenen Schlägen. Um dieses Ziel zu erreichen, ist aber noch viel heiße züchterische Arbeit nötig. Jedenfalls muß zu diesem Zwecke ein Zusammenschluß der Züchter erfolgen, wobei kein Glied des Grundbesitzes seine Mitwirkung versagen darf. Nur durch gemeinsame Arbeit, dadurch, daß in einem größeren Distrikte alle Züchter dasselbe anstreben und sich gegenseitig Hand in Hand gehen, kann etwas Größeres erreicht werden. Mögen aber auch die Züchter bei Anstrebung dieses Zieles nicht ermatten und die dazu berufenen Stellen es nicht an Aufmunterung und Unterstützung fehlen lassen!

---

*) Vergl. Drucksachen des hess. Landwirtschaftsrates Nr. 12, v. 5. Juni 1901.

Zeitfracht Medien GmbH
Ferdinand-Jühlke-Straße 7
99095 Erfurt, Deutschland
produktsicherheit@kolibri360.de